JN112775

教室熱中！
めっちゃ楽しい

算数難問
1問選択システム

6巻

上級レベル2＝小6相当編

木村重夫

林　健広＋TOSS下関教育サークル
編

まえがき

1　子ども熱中の難問を満載！

　本シリーズは、子どもが熱中する難問を満載した「誰でもできる難問の授業システム事典」です。みなさんは子どもが熱中する難問の授業をされたことがありますか？　算数教科書だけで子ども熱中の授業をつくることは高度な腕を必要とします。しかし、選び抜かれた難問を与えて、システムとして授業すれば、誰でも子ども熱中を体感できます。

これが「子どもが熱中する」ということなんだ！

　初めて体験する盛り上がりです。時間が来たので終わろうとしても「先生まだやりたい！」という子たち。正答を教えようとしたら「教えないで！　自分で解きたい！」と叫ぶ子たち。今まで経験したことがなかった「手応え」を感じることでしょう。

2　これまでになかった最強の難問集

　本シリーズは、かつて明治図書から発刊された「難問シリーズ」「新・難問シリーズ」から教室で効果抜群だった難問を選び抜いて再編集しました。

　新しい難問も加えました。すべて子どもの事実を通しました。本シリーズは「最強の難問集」と言えるでしょう。

　さらに、新学習指導要領に対応させた、本シリーズの目玉がこれです。

新学習指導要領に対応！「デジタル時代の新難問」
(1) 論理的思考を鍛える問題10問
(2) プログラミング的思考問題10問
(3) データの活用力問題10問
(4) 読解力を鍛える問題10問

　プログラミング学習やデータ読解力など、新学習指導要領に対応した難問を開発しました。最新の課題に対応させた難問です。子どもたちの新しい力を引き出してください。さらにスペシャルな付録をつけました。

教科書よりちょっぴり難しい「ちょいムズ問題」

　すでに学習した内容から、教科書と同じかまたはちょっぴり難しいレベルの問題をズラーッと集めました。教科書の総復習としても使えます。20問の中から5問コース・10問コース・全問コースなどと自分のペースで好きな問題を選んで解きます。1問1問は比較的簡単ですが、それがたくさん並んでいるから集中します。

3　デジタル時代に対応！　よくわかる動画で解説

　本シリーズ編集でとくに力を注いだのが「解説動画」です。

　ぜひ動画をご覧になってください。各ページに印刷されているQRコードからYouTubeの動画にすぐにアクセスできます。問題を解くポイントを音声で解説しながら、わかりやすい動画で解説します。授業される先生にとって「教え方の参考」になるでしょう。教室で動画を映せば子

どもたち向けのよくわかる解説になります。また、新型コロナ等による在宅学習でもきっと役立つことでしょう。なお、動画はすべての問題ではなく、5問中とくに難しい問題につけました。

動画のマスコット「ライオンくん」▶
（イラスト作成・山戸　麦さん）

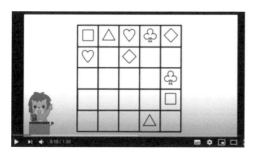

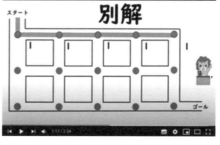

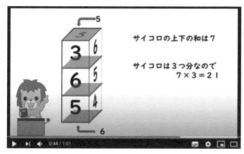

4　難問がつくる教室のドラマ

難問の授業で起きた教室のドラマです。

> ふだん勉強が得意な子が間違えて、苦手な子が解けた。

「3を7で割ったとき、小数第100位はいくつか」という難問があります。勉強が得意な子がひらめきで解いたのですがウッカリミスがあってバツが続きました。勉強が苦手な子が家に帰って大きな紙に小数第100位まで筆算を書きました。その子は正解でした。時間はかかりましたが地道に取り組んだ子が正解しました。勉強が得意な子が間違え、苦手な子が正解したのです。これを「逆転現象」と言います。子どもたちは驚きました。子どもの中にある「できる子」「できない子」という固定観念はこうした事実で崩れていきます。

本シリーズを活用して、「熱中する授業」をつくってください。たくさんのドラマに出会ってください。腹の底までズシンと響く確かな「手応え」を感じていただけたら、と思います。

木村重夫

シリーズの活用方法

1 授業したいページを選ぶ

　このシリーズの基本的な活用方法（ユースウェア）を紹介します。

　まず、子どもに授業したい見開き2ページを選びます。初めて難問に出会う子どもたちの実態を考えて、1～2学年下のレベルの難問を与えることもよいでしょう。5問を1枚に印刷します。人数分プラス余分に印刷しておくと「家でやりたい！」という子たちに与えることができます。

2 子どもに説明する

　初めて子どもに説明するときの教師の言葉です。

---
①とっても難しい問題です。「難問」と言います。難問5問のうち、どの問題でもいいですから1問だけ選んで解きましょう。

②1問解けたら100点です。（子ども）たった1問？

③2問目をどうしても解きたい人は解いてもかまいませんが、もしも正解しても、
　　【板書】100点＋100点＝100点です。（子ども）ええ!?

④もしも2問目を間違えたときは、
　　【板書】100点＋0点＝0点です。（子ども）えええ!?

⑤先生が5問読みます。1問選んでください。（教師が読んでやらないと全体を見ないで1問目に飛びつく子がいます。）

⑥どの問題に挑戦したいですか。ちょっと聞いてみよう。1番、2番、3番、4番、5番。
　（クラスの傾向をつかみます。）どの問題でも100点に変わりありません。解けなかったら別の問題に変えてもかまいません。

⑦できたら持っていらっしゃい。用意、始め！

---

3 教えないで×をつける

　解いた子が持って来ます。教師は〇か×だけつけます。「×」に抵抗がありそうな子には「✔」でもかまいません。このときのポイントはこれです。

　解き方や答えを教えない。

「おしいなあ。（×）」「いい線いっているけど…×」「なるほど！こうやったのか。でも×だな。」「がんばったねえ。（×）」「これは高級な間違いだな。」
など、にこやかに一声かけつつも×をつけます。解き方や答えは教えません。

　×をつけられた子は「えええー？」と言いながら席にもどり、再び挑戦します。

　何度も何度も挑戦させます。教師が解説してしまったら、子どもが自力で解いて「やったあ！」と喜ぶ瞬間を奪うことになります。

4 挑発するといっそう盛り上がる

　難問の授業を盛り上げる手立てがあります。「挑発する」ことです。

「みんなできないようだから、答えを教えましょうか。」

「もう降参ですね？」笑顔で挑発します

「待ってー！」「答えを言わないで。」「自分で解きます！」「絶対降参なんかしない！」子どもたちは絶叫します。教室がますます盛り上がります。

5 答え合わせは工夫して。解説動画が役立ちます

　答えをすぐに教えないことが基本です。家で解いてきた子がいたらたくさんほめましょう。解き方や答えを確認する方法はいくつかあります。子どもの実態や時間を考慮して先生が工夫してください。

　A　解けた子に黒板に書かせ、説明させる。
　B　解いた子の解答用紙を教室に掲示する。
　C　教師が板書して簡単に解説する。
　D　本書の解説・解答ページをコピーして掲示する。
　E　本書の「解説動画」を見せる。（実にわかりやすい動画です。解説ページにあるQRコードからアクセスしてください。）

6 デジタル難問、ちょいムズ問題で新しい挑戦を！

　「デジタル難問」は、先生が選んだ問題を必要に応じて与えてください。例えばプログラミング学習をした後に発展として取り上げることも効果的です。

　「ちょいムズ問題」を自習に出すとシーンとなります。学期末や学年末のまとめとしても使えます。5問コース、10問コース、全問コースを決め、問題を自分で選ばせます。個人差に応じた問題数で挑戦できます。「できる」「できる」の連続で達成感を持てるでしょう。

7 「算数難問、大人気」「奇跡のようでした」

　西日本の小学校特別支援学級の先生から届いた難問授業レポートです。

> 　最初は「わからない」とシーンとした時間が続いた。しかし、最初に男子が1問正解した。「A君、合格しました！」「おお、すごいねー！」わーっと拍手が起きた。
> 　またしばらくすると、今度はB子が合格した。B子にも友達から温かい拍手が送られた。彼女のプリントを見ると、あちこちに筆算が残されていた。
> 　1つ1つ地道に計算しながら答えにたどり着いたことがわかった。
> 　この辺りから一気に火がついた。休み時間になっても「まだやりたいです！」とやめようとしない子が続出した。
> 　なんとC男もやり始めた。最初は「どうせわからん」と言っていたが、のめり込んでいった。もちろん一人では解けないので私の所にやって来た。
> 　以前は間違えること、失敗することが嫌で何もやろうとしなかったことを考えれば、難問に挑戦し、何度も何度も×をもらっているのは奇跡のようだった。
> 　「こんな難しい問題に挑戦しているのがえらいよ。」
> 　「失敗してもへっちゃらになってきたな。前よりも心が強くなったな。」
> 　「×がついてもちゃんと正答に近づいていくでしょ？」
> 　問題を解いたことではなく、挑戦したことに価値があるのだ。

　難問によって「あきらめない子」「何度も挑戦する子」が生まれ、配慮を要する子が「失敗を受け入れ」「奇跡のようだ」という嬉しい報告です。

　あなたのクラスの子どもたちにも「難問に挑戦する楽しさ」をぜひ味わわせてください。

2020年10月

木村重夫

6年　難問の授業モデル／活用のヒント

　向山式難問の良さは、「答えを教えない」ということである。

　教師が「これは、こうしてね」などと助言しないことである。

　子供は、これだけ難しい問題を、自分の力で解いたから跳び上がって喜ぶ。知的に興奮する。

　QRコードに、解説解答動画がある。どうすれば良いか。限定するのだ。

「1回だけなら見ていいですよ」と言う。

　教室で、この指示をした。子供たちは、タブレットでQRコードを読み込む。

　子供たちはどうなるか？

　すごく集中して、動画を見ている。1回だけだから。もし、これを「何度も見ていいよ」と言っていれば、子供は集中しない。

「なるほど～」「うん？　分からない～！」

　子供の反応は様々だ。

　教師はニコニコしておけばよい。

　解ける子もいれば、まだ解けない子もいる。

　教師はニコニコしておけばよい。

　その問題が解けなければ、残りの問題を選べば良い。難しいから、別の問題に挑戦する、ということも大事な学力だ。

　チャイムが鳴る。

「先生、家で、解答の動画を見てもいいですか？」

「それはいいですよ。何回、見てもいいですよ！」

「やった～～～～！」

　子供はうんと喜ぶ。家では何回見てもよい。

　ある家では、子供が帰ってすぐに親に言ったそうだ。

「ねえ、スマホ貸して？」

「どうして？」

「この問題、解きたいの！」

　自然と、子供が家で、算数の話をしたという。

　保護者が喜んでいた。

和算の話、算額の話をする。

　　この本には、和算の問題も載っている。

　子供たちは、和算が大好きだ。

「江戸時代の人たちが挑戦していた問題です。さあ、同じ日本人として挑戦してみよう。」

「5問のうち、1問でいいです。」

「1問選びます。」

「1問正解したら、100点です。」

　子供たちは、シーンとして取り組む。教師

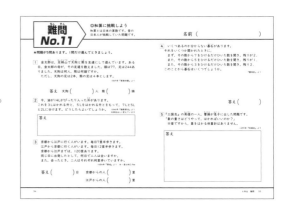

も黙る。しゃべってはいけない。解説してもいけない。

　子供たちが答えを持ってくる。間違っていたら、×を付ける。正解していたら、○を付ける。そして、100点と書く。

　子供は跳び上がって喜ぶ。

　正解した子供たちは、こう言う。

「先生、他の問題もしてもいいですか？」

「もちろんです！ただし、2問正解しても100点です。間違えたら、0点です。」

「え〜〜〜！！」

　ここは大事だ。熱中度が増す。

　これを2問目が正解したら200点です、としたら、熱中度は下がる。

　また、せっかくの和算だ。正解した子供には、黒板に名前を書いてあげる。

　1問目正解（利田君）というようにだ。

「江戸時代の人は、難しい問題を解いたら、神社にその難問と自分の名前を奉納していたんだよ。神様のおかげで解けました、ありがとうございますって。」

「だから、この和算を解いた人は、先生が名前を黒板に書いてあげますね。」

　算額だ。黒板を算額にしてあげる。

　時に、ごくまれに、やる気をなくす子供がいる場合もある。

　難しいから嫌だと、言う子もなかにはいる。

　大丈夫だ。趣意説明をする。

「これは、脳みそに汗をかく問題なんだよ。あれこれ考える問題だ。」

「中学生や高校生のお兄さん、お姉さんが解く問題なんだよ。」

　この言葉で、子供たちのやる気はアップする。

　いつもしている教科書の問題とは違うのだ、間違って当たり前なのだ、と趣意説明を教師がする。

　難問をさせると、素敵なドラマも起きる。

　計算問題は時間がかかる子が、難問で100点を取るのである。

　決して、日頃の算数テストで飛び抜けて優秀な子ではない。

　こつこつと、じっくりと計算する、丁寧な子だ。早く計算できる、という規準ではスポットライトがあたらない子が、スターとなる。

　算数授業で生まれる、素敵なドラマだ。

TOSS下関教育サークル代表　　林　健広

目　次

※印の問題＝解説動画付き

I 教室熱中！上級レベル難問集2
小6相当編
（問題／解答と解説）

II デジタル時代の新難問
小6相当編
（問題／解答と解説）

Ⅲ ちょいムズ問題
小6 相当編
（問題／解答と解説）

● 出題＝木村重夫

★問題が5問あります。1問だけ選んでときましょう。

1　ある学校の児童の37.5%がじゅくに通っていて，そのうち，英語を習っている児童は $\frac{3}{4}$ です。54人が英語を習っているとすると，この学校の児童は何人ですか。

答え（　　　　　）人

2　かんに油が6L入っていました。油とかん全体の重さを量ると6kgありました。このかんの油を5L使いました。残った油とかんの全体の重さを量ると，1.5kgでした。かんの重さは何kgですか。

答え（　　　　　）kg

3　50円切手と80円切手を合わせて20枚買いました。合計が1360円になりました。80円切手を何枚買ったでしょうか。

答え（　　　　　）枚

4　1辺が8mの正方形の土地の中で，あきおさんは，くさりにつながれた犬にかまれないように動かなければなりません。

くさりの長さは4mです。あきおさんが動けるはん囲は何㎡でしょうか。円周率を3とします。

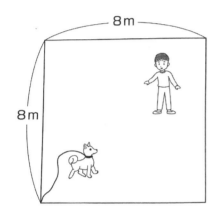

答え（　　　　　　　　　）㎡

5　1辺が1cmの立方体が12個あります。

これを全部使い，すき間なく積んで直方体を作ります。

何種類の形ができるでしょうか。

答え（　　　　　　　　　）種類

1 答え　192人

ある学校の児童の人数を□とすると，次の式で求められる。
$$□×0.375×\frac{3}{4}=54$$
$$□×0.28125=54$$
$$□=54÷0.28125$$
$$□=192（人）$$

2 答え　0.6kg

使った油5Lの重さは，
6－1.5＝4.5（kg）
したがって，1Lの重さは，
4.5÷5＝0.9（kg）
油の重さは，0.9×6＝5.4（kg）になる。
よって，6－5.4＝0.6で
全体の重さ6から5.4を引けば答えが求められる。

◀解説動画

3 答え　12枚

全部50円切手と考えたときの代金は，
50×20＝1000（円）
実際の代金との差は，1360－1000＝360（円）
この差は，80円切手を50円切手と考えたためにできたものである。
1枚当たりの差は，80－50＝30（円）
よって，80円切手の枚数は，360÷30＝12（枚）

選＝利田勇樹（編集チーム）

4 答え　52㎡

正方形の面積から犬の動ける範囲（おうぎ形）の面積を引けばよい。

$8×8＝64$

$4×4×3÷4＝12$

$64−12＝52$

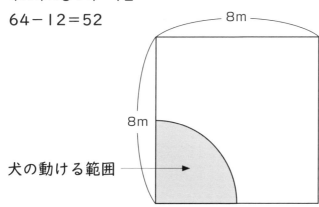

犬の動ける範囲 →

5 答え　4種類

表に書くと分かりやすい。

縦（個）	1	1	1	2
横（個）	1	2	3	2
高（個）	12	6	4	3

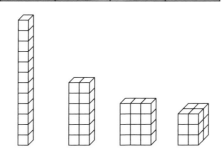

【引用文献】
大澤智①『算数完ペキ習得！授業で使える新難問・良問＝5題1問選択システム　6年』85, 101（明治図書）
吉谷亮②③④『算数完ペキ習得！授業で使える新難問・良問＝5題1問選択システム　6年』P.16, 37, 44（明治図書）
鶴田博史⑤『算数完ペキ習得！授業で使える新難問・良問＝5題1問選択システム　6年』P.76（明治図書）

★問題が5問あります。1問だけ選んでときましょう。

1　定員の35％が席に座れる電車があります。この電車に40人の人が乗ると全員席に座れます。しかし、45人の人が乗ると何人かの人が席に座れなくなります。この電車の定員を求めなさい。

答え（　　　　　　）人

2　16才と14才と9才の兄弟がいます。78個のアメを，16：14：9のように，年れいの比に合わせて分けます。それぞれ何個に分ければいいでしょうか。

答え　16才（　　　　　　）個
14才（　　　　　　）個
9才（　　　　　　）個

3　同じ大きさのおはじきを正方形の形になるようにたてよこ並べました。その正方形の周りのおはじきは48個です。おはじきは全部で何個ありますか。

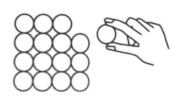

答え（　　　　　　）個

名前（　　　　　　　　　　　　　　　　　）

4　１辺が10cmの正方形の中に，２本の対角線，１個の円，２個の正方形があります。しゃ線部分の合計の面積は26cm²です。
　　一番小さい正方形の１辺の長さは何cmでしょうか。

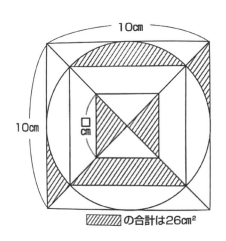

答え（　　　　　　　）cm

5　下の図で，しゃ線部分に，A〜Jのどの正方形を１つ加えると立方体の展開図になりますか。
　　A〜Jから正しいものを全て選び記号で答えなさい。

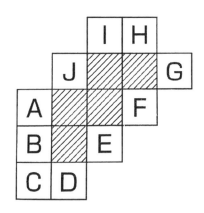

答え（　　　　　）

1 答え　120名

　定員をx人とすると，$x×0.35$が席の数になる。

席の数は，$40<x×0.35<45$の範囲にある。0.35を分数で表すと，$\frac{7}{20}$だから，$40<x×\frac{7}{20}<45$となる。

　xも$x×\frac{7}{20}$も整数であることから，xは20の倍数である。

　上の式を満たすxは120である。$40<120×\frac{7}{20}=42<45$

　よって定員は，120名となる。

2 答え　16才(32)個　14才(28)個　9才(18)個

　16：14：9の割合になる。$16+14+9=39$

$$78×\frac{16}{39}=32$$

$$78×\frac{14}{39}=28$$

$$78×\frac{9}{39}=18$$

3 答え　169個

　問題例の絵をもとにして考えると　$12÷4+1=4$（一辺の数）

　（正方形の1辺のおはじきの数）＝（周りのおはじき）÷$4+1$となる。

　この問題では，周りのおはじきは48個だから，

　1辺のおはじきの数は，$48÷4+1$で13個。

　この13個が13列並んでいるから，$13×13$で169個となる。

選＝利田勇樹（編集チーム）

4 答え　2cm

図Aのしゃ線部分を移動させると図Bのようになる。

大きい三角形の面積→10×10÷4＝25

小さい三角形の面積→26−25＝1

一番小さい正方形の面積→1×4＝4

4＝□×□　　□＝2

◀解説動画

図A　　　　　図B

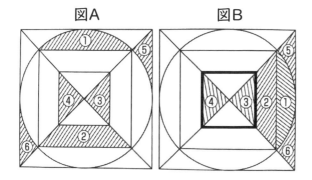

5 答え　A　B　H　I

下の図のように，組み立てたときに平行になる面を見つける。

○と○，△と△が平行である。

□の面と平行になる面を探すと「J」「E」「F」は隣接しているので，平行にはならない。

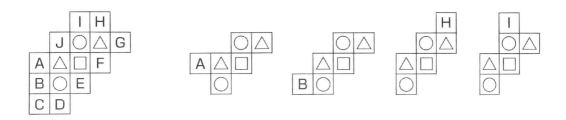

【引用文献】
大澤智①③『算数完ペキ習得！授業で使える新難問・良問＝5題1問選択システム　6年』P. 80, 101（明治図書）
桜井健一②④『算数完ペキ習得！授業で使える新難問・良問＝5題1問選択システム　6年』P. 16, 84（明治図書）
廣川徹⑤『算数完ペキ習得！授業で使える新難問・良問＝5題1問選択システム　6年』P. 69（明治図書）

難問
No.3

★問題が5問あります。1問だけ選んでときましょう。

1 加藤君と中村さんが100mの競走をしました。
  加藤君は，16秒で，中村さんに4mの差をつけて勝ちました。
  中村さんの走る速さは，秒速何mでしょう。

答え（　　　　　）m

2 50円切手と80円切手を合わせて15枚買いました。
  合計が930円になりました。
  80円切手を何枚買ったでしょうか。

答え（　　　　　）枚

3 次の色をぬったアの面積とイの面積の和を求めましょう。
  円周率は，3.14を使います。

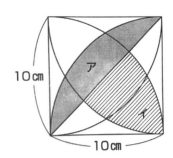

答え（　　　　　）cm²

4 えりこさんがお兄さん2人とカステラを食べます。

1番目のお兄さんが $\frac{1}{2}$ を食べ，2番目のお兄さんが残りの $\frac{1}{3}$ を食べ，えりこさんが残りの $\frac{1}{5}$ を食べたら，8cm残りました。最初のカステラの長さは何cmだったのでしょうか。

答え（　　　　　　　）cm

5 3本のアイスキャンディーがあります。どのアイスキャンディーが一番体積が大きいですか。ただし，円周率は3.14とします。

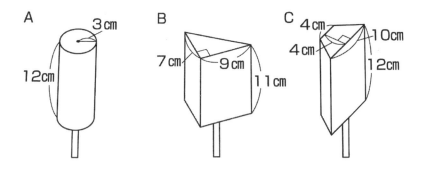

A
3cm
12cm

B
7cm　9cm
11cm

C
4cm　10cm
4cm
12cm

答え（　　　　　　　）が一番大きい

1 答え　秒速6m

道のり÷時間＝速さの公式を使う。
16秒間に，中村さんの走った道のりは，100－4＝96(m)
中村さんの1秒間あたりの道のり(秒速)
96÷16＝6(m)

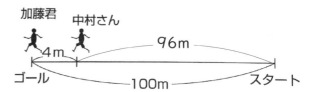

2 答え　6枚

全部50円切手と考えたときの代金は，
50×15＝750(円)
実際の代金との差は，
930－750＝180(円)
この差は，80円切手を50円切手と考えたためにできたものである。
1枚当たりの差は，80－50＝30(円)
よって，80円切手の枚数は，
180÷30＝6(枚)

3 答え　57cm²

アとイの面積は同じ。ア×2をすればよい。
アの面積は10×10×3.14÷4－10×10÷2
＝78.5－50＝28.5
ア×2は28.5×2＝57(cm²)

◀解説動画

4 答え　30cm

えりこさんが食べた後の状態は以下の通り。

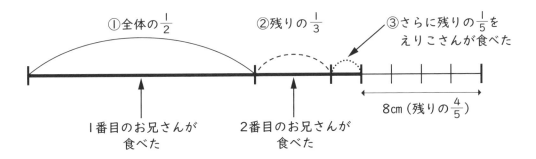

①全体の$\frac{1}{2}$　②残りの$\frac{1}{3}$　③さらに残りの$\frac{1}{5}$を
えりこさんが食べた

8cm（残りの$\frac{4}{5}$）

1番目のお兄さんが
食べた

2番目のお兄さんが
食べた

　つまり，食べる前は10cm。同じように考えていくと，2番目のお兄さんが食べる前は，15cmとなり，最初の長さは30cmとなる。
　図を描いてみるとよい。
もちろん分数のかけ算でも求めることができる。

5 答え　Bが一番大きい

A　式　3×3×3.14×12
　　　＝339.12　　　　　　　339.12cm³
B　式　7×9÷2×11
　　　＝346.5　　　　　　　346.5cm³
C　式　(4＋10)×4÷2×12
　　　＝336　　　　　　　　336cm³

【引用文献】
島村雄次郎①②⑤『算数完ペキ習得！授業で使える新難問・良問＝5題1問選択システム　6年』P. 40, 60, 73（明治図書）
田村治男③④『算数完ペキ習得！授業で使える新難問・良問＝5題1問選択システム　6年』P. 25, 49（明治図書）

難問
No.4

★問題が5問あります。1問だけ選んでときましょう。

1　次の計算をしなさい。

$$\frac{7}{70}\times\frac{70}{71}\times\frac{71}{72}\times\frac{72}{73}\times\frac{73}{74}\times\frac{74}{75}\times\frac{75}{76}\times\frac{76}{77}$$

答え（　　　　　）

2　A地点からB地点まで（30km）をボートで下ると2時間かかりました。逆にB地点からA地点までをボートで上ると6時間かかりました。川の流れの速さは時速何kmですか。

答え（　　　　　）km

3　ジュースのもとに水を混ぜて，ジュースを作ります。
Aのジュースの濃さは10%です。
Bには100gの水に10gのジュースのもとをとかします。
どちらが濃いジュースですか。

答え（　　　　　）

名前（　　　　　　　　　　　）

4　長さと，燃える速さがちがう2本のろうそくがあります。
　　2本同時に火をつけて，燃える様子を表したのが下のグラフで
す。2本が同じ長さになるのは，火をつけてから何分後でしょう
か。

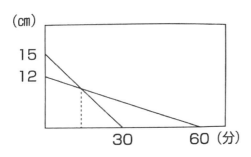

　　　　　　　　　　答え（　　　　　　　）分後

5　立方体の展開図に文字を書き入れ，組み立てたとき，側面に「も
んだい」とならぶようにします。
　　下の図に文字「も」「だ」「い」を書き入れ，「もんだい」と側面
にならぶようにしなさい。

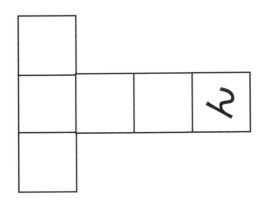

1 答え $\dfrac{1}{11}$

$$\dfrac{7}{70} \times \dfrac{70}{71} \times \dfrac{71}{72} \times \dfrac{72}{73} \times \dfrac{73}{74} \times \dfrac{74}{75} \times \dfrac{75}{76} \times \dfrac{76}{77}$$

という約分の方法を見つけると簡単である。

2 答え　時速5km

　下りの時速　30（km）÷2（時間）＝15km
　上りの時速　30（km）÷6（時間）＝5km
　下りでは川の流れが勢いをもらい，上りでは川の流れが
勢いをうけている。だから，川の流れがない状態のボート
の時速をまず出す。
（15＋5）÷2＝10
　下りの場合から川の時速を求めると，
　10＋（川の時速）＝15　川の時速＝5

◀解説動画

3 答え　A

　Bの濃さは，
　10÷（100＋10）×100＝9.0909・・・（％）

4 答え　10分後

長いろうそくは，毎分15÷30＝0.5(cm)で，0.5cmずつ減る。
短いろうそくは，毎分12÷60＝0.2(cm)で，0.2cmずつ減る。

2本のろうそくのはじめの長さの差は，15-12＝3(cm)で，
1分間に0.5-0.2＝0.3(cm)で，0.3(cm)ずつ差が縮まっていく。

したがって，同じ長さになるのは，3÷0.3＝10(分)で10分後となる。

5 答え　以下の通り

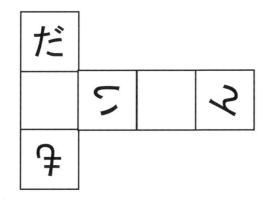

【引用文献】
井上嗣祥①②③④『算数完ペキ習得！授業で使える新難問・良問＝5題1問選択システム　6年』P. 48, 57, 80, 88（明治図書）
太田政男⑤『算数完ペキ習得！授業で使える新難問・良問＝5題1問選択システム　6年』P. 73（明治図書）

★問題が5問あります。1問だけ選んでときましょう。

1　だいき君の家のおふろには，AとBの2つのじゃ口があります。Aのじゃ口から水を入れると，20分でいっぱいになります。
　AとBのじゃ口から同時に水を入れると，12分でいっぱいになります。Bのじゃ口だけで水を入れると，何分でいっぱいになりますか。

答え（　　　　　）分

2　下の図のように1辺が1cmの立方体を1段，2段，3段・・・と積み重ねていくとき，6段まで積み重なるのに立方体は何個必要ですか。

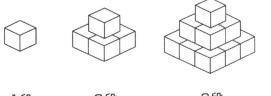

1段　　　2段　　　　3段

答え（　　　　　）個

3　1枚の紙を，下の図のように1回，2回，3回・・・と次々に折っていきます。6回折ったときにできる折り目の数は何本になりますか。

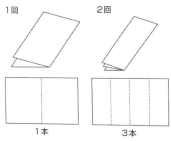

1本　　　3本

答え（　　　　　）本

名前（　　　　　　　　　　　　　）

4 下のような図があります。
円の中の正方形の面積は50㎠です。
色のついた部分の面積は何㎠ですか。
ただし，円周率は3.14とします。

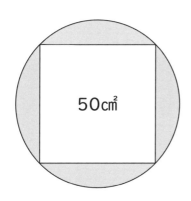

50㎠

答え（　　　　　　　　）㎠

5 地球から太陽まで新幹線で行ったとすると，約何日かかりますか。なお，地球から太陽まで光の速さ（秒速約30万km）で約8分20秒かかるものとし，新幹線の速さを時速250kmとします。

答え　約（　　　　　　　　）日

解答と解説 No.5

1　答え　30分

おふろいっぱいの水の量を1とする。

Aのじゃ口から1分間に出る水の量は，$1 \div 20 = \frac{1}{20}$

AとBの蛇口から1分間に出る水の量は，$1 \div 12 = \frac{1}{12}$

Bの蛇口だけから1分間に出る水の量は，$\frac{1}{12} - \frac{1}{20} = \frac{5}{60} - \frac{3}{60} = \frac{2}{60} = \frac{1}{30}$

よって，$1 \div \frac{1}{30} = 30$で，30分となる。

2　答え　91個

次のように，段ごとに計算する。

最上段 $1 \times 1 = $ 1個
上から2段目 $2 \times 2 = $ 4個
上から3段目 $3 \times 3 = $ 9個
上から4段目 $4 \times 4 = $ 16個
上から5段目 $5 \times 5 = $ 25個
上から6段目 $6 \times 6 = $ 36個
これらを合計して91個。

3　答え　63本

折り目によって分割された面の数から考えると，1回折れば2面。2回折れば4面。3回折れば8面・・・。
では，6回折ると$2 \times 2 \times 2 \times 2 \times 2 \times 2 = 64$となり，折り目の数は面の数より1少ないので，$64 - 1 = 63$となる。

選＝利田勇樹（編集チーム）

4　答え　28.5c㎡

正方形をひし形とみなして考える。

10×10÷2＝50となることから,

この正方形の対角線の長さは10㎝である。

この対角線は円の直径でもあるから, 円の半径は,

10÷2＝5（㎝）

円の面積は, 5×5×3.14＝78.5（c㎡）

ここから正方形の面積をひくと78.5－50＝28.5（c㎡）

となる。

◀解説動画

5　答え　約25000日

8分20秒＝500秒

太陽から地球までの距離は,

300000×500＝150000000（km）

新幹線で行くので,

150000000÷250＝600000（時間）

これを日数に直すと,

600000÷24＝25000（日）となる。

ちなみに, これを年数に直すと,

25000÷365＝68.49・・・（年）となる。

【引用文献】
廣川徹②③『算数完ペキ習得！授業で使える新難問・良問＝5題1問選択システム　6年』P. 69, 100（明治図書）
磯部智義①④⑤『算数完ペキ習得！授業で使える新難問・良問＝5題1問選択システム　6年』P. 25, 52, 59（明治図書）

★問題が5問あります。1問だけ選んでときましょう。

1　昼食を食べるためにレストランへ行き，サラダとサンドイッチとオレンジジュースをたのんだところ，代金はちょうど1000円でした。サラダはオレンジジュースより200円高く，サンドイッチはサラダより150円高かったそうです。サンドイッチはいくらだったのでしょうか。

答え（　　　　　　）円

2　アラビア の砂ばくの真ん中に水たまりのオアシスがあります。毎朝そこに10Lの水を入れても，夜までに，7Lが蒸発してしまいます。水たまりに水が35Lたまるのは何日目でしょうか。

答え（　　　　　　）日目

3　次の計算をしましょう。

4.7×15＋18×7.8＋15×5.3－2.8×18

答え（　　　　　　）

名前（ 　　　　　　　　　　　 ）

4 正方形の中に，下の図のような灰色の部分を作りました。灰色
の部分の面積と周りの長さを求めなさい。
ただし，円周率は3.14とします。

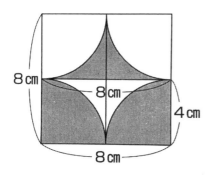

答え 　面積 　　（ 　　　　　　　 ）cm²
答え 　周りの長さ （ 　　　　　　　 ）cm

5 点AからLのうち，4つの点で直線を結んで四角形を作りま
す。平行四辺形を作ります。平行四辺形を作るには，どの4つの
点を結べばよいでしょうか。ただし，ひし形と長方形はのぞきま
す。

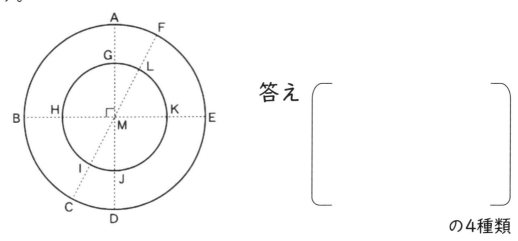

答え

の4種類

---

1 答え　500円

線分図を描く。
200＋200＋150＝550
1000－550＝450
450÷3＝150

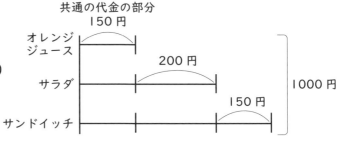

共通の代金の部分
150円

オレンジ
ジュース

200円

サラダ

150円

サンドイッチ

1000円

サンドイッチ→150＋200＋150＝500（円）

2 答え　10日目

朝10L入るが，夜までに7L減ってしまうので，1日に3L
ずつ増え続けていくことになる。
　35Lを超えるのは「3×12＝36」をして，12日目となり
そうだが，順に考えると

9日目の朝	9日目の夜	10日目の朝
34L	27L	37L

となり，35L溜まるのは，10日目ということになる。

◀解説動画

3 答え　240

順番に計算をしてもできる。
計算のきまりを使って，工夫して計算してもよい。

(4.7＋5.3)×15＋(7.8－2.8)×18
＝10×15＋5×18
＝240

選＝利田勇樹（編集チーム）

4 答え　面積　32㎠　周りの長さ　49.12㎝

灰色の部分は，ちょうど正方形の半分の面積となる。

8×8÷2＝32

周りの長さ。

曲線部分は，直径8㎝の円の円周部分と同じである。

これと，直線部分をたしたものが周りの長さである。

曲線部分　8×3.14＝25.12

直線部分　4×6　　＝24

25.12＋24＝49.12

5 答え／AIDL
　　　　FHCK
　　　　FGCJ
　　　　BIEL
　　　の4種類

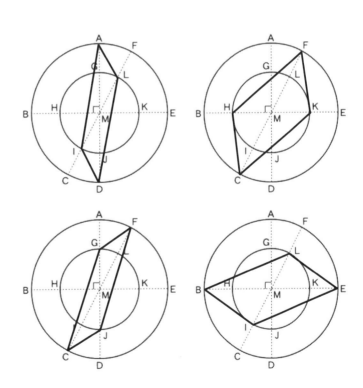

【引用文献】
島村雄次郎①②④『算数完ペキ習得！授業で使える新難問・良問＝5題1問選択システム　6年』P. 28（明治図書）
青木英明③⑤『向山型算数教え方教室』2006年12月号　P. 73（明治図書）

★問題が5問あります。1問だけ選んでときましょう。

1 下の図は半径10cmの円の一部です。太線の長さを求めなさい。

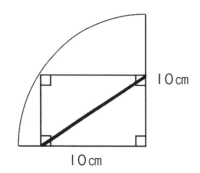

10cm

10cm

答え (   ) cm

2 下の表にある数をすべてたしなさい。

	2	3	4	5	6	7	8	
2		6	8	10	12	14		18
3	6		12	15	18		24	27
4	8	12		20		28	32	36
5	10	15	20		30	35	40	45
6	12	18		30		42	48	54
7	14		28	35	42		56	63
8		24	32	40	48	56		72
	18	27	36	45	54	63	72	

答え (   )

名前（　　　　　　　　　　　　）

3 次の□に入る数をすべて答えなさい。

$$\frac{6}{11} < \frac{11}{\square} < \frac{19}{31}$$

答え（　　　　　　）

4 A〜Dのチームを勝率のよい順に並び替えなさい。

Aチーム　4勝3敗
Bチーム　5勝4敗
Cチーム　6勝5敗
Dチーム　3勝2敗

答え（　　　→　　　→　　　→　　　）

5 4つの合同な図形に分けなさい。

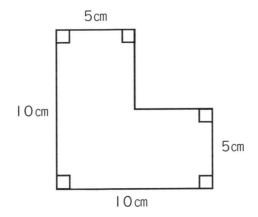

1　答え　10cm

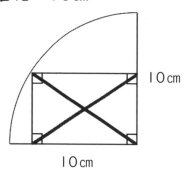

10cm

10cm

長方形のもう一本の対角線を引く。
そこは円の半径である。
半径は10cmなので，問題の太線も10cm。

2　答え　1600

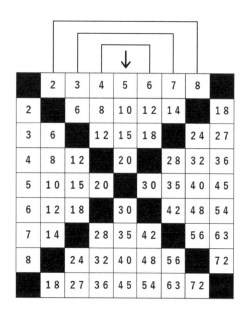

真ん中のたて列を挟んで，対になっている。対になった数字を足すと横列ごとに同じ数字になる。黒くぬりつぶしたマスは，横列に1対ずつあるため，3対たせばよいことになる。（5段目は4対）

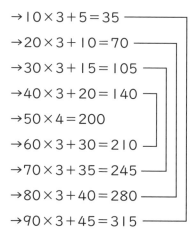

→10×3＋5＝35
→20×3＋10＝70
→30×3＋15＝105
→40×3＋20＝140
→50×4＝200
→60×3＋30＝210
→70×3＋35＝245
→80×3＋40＝280
→90×3＋45＝315

　50×4＝200以外，対のものをたすと350になる。例：35＋315＝350
　だから，350×4＋200＝1600

※他にも解き方はいろいろとある。

選＝田口由梨（編集チーム）

3 答え　18, 19, 20

$$\frac{6}{11} < \frac{11}{\square} < \frac{19}{31}$$

$6 \div 11 = 0.5454\cdots$
$19 \div 31 = 0.6129\cdots$
$11 \div \square$ の値が，0.5454と0.6129の間になるように□に数を当てはめてみる。

◀解説動画

4 答え　D→A→B→C

Aチーム	4勝3敗
Bチーム	5勝4敗
Cチーム	6勝5敗
Dチーム	3勝2敗

4, 5, 6, 3の最小公倍数は60。
それぞれのチームが60勝した時の負け数で比べる。

A→60勝45敗　　　C→60勝50敗
B→60勝48敗　　　D→60勝40敗

また，単位量あたりの大きさ(勝率)で比べることもできる。

A　$4 \div 7 = 0.571\cdots$
B　$5 \div 9 = 0.555\cdots$
C　$6 \div 11 = 0.545\cdots$
D　$3 \div 5 = 0.6$　　勝率の高い順に並べると，D→A→B→Cとなる。

5 答え　下図の通り

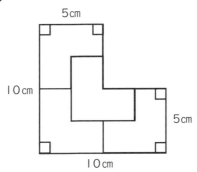

◀解説動画

【引用文献】
『教室熱中！難問1問選択システム6年』向山洋一・木村重夫編　p.68,69

★問題が5問あります。1問だけ選んでときましょう。

1 [0][1][3][5][7][9] と書いた6枚の数字カードのうち，3枚の
カードを使って3けたの数を作ります。このとき，5の倍数になる
のは，全部で何通りありますか。

答え（　　　　　　）通り

2 下の図のように黒石と白石を並べていきます。白石が28個に
なったとき，黒石は何個でしょうか。

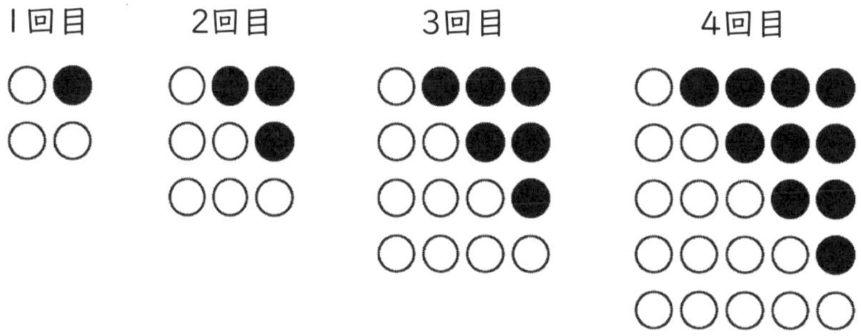

1回目　　2回目　　3回目　　4回目

答え（　　　　　　）個

名前（　　　　　　　　　　　　　）

3　右の図は，上底4cm　下底8cm　面積が54cm²の台形です。点PはAC上にあります。三角形APDと三角形BPCの面積が等しいとき，三角形APDの面積を求めなさい。

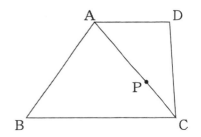

答え（　　　　　　　）cm²

4　太郎君の野球部は，39名の部員がおり，グラウンドの草取り当番が背番号順に毎日変わります。月曜日から木曜日まで5名ずつ，金曜日は8名で草取りを行うことになっており，当番は月曜日から背番号1番の部員より行います。（土・日は行わない）
　太郎君の背番号は18番です。太郎君が3回目の草取り当番になるのは，何曜日でしょうか。（背番号は1番〜39番まで並んでいるとします。）

答え（　　　　　　　）曜日

5　$\dfrac{1}{1}$　$\dfrac{2}{2}$　$\dfrac{3}{2}$　$\dfrac{4}{3}$　$\dfrac{5}{3}$　$\dfrac{6}{3}$　$\dfrac{7}{4}$　$\dfrac{8}{4}$　$\dfrac{9}{4}$　$\dfrac{10}{4}$…

のように，ある規則にしたがって並んでいる分数があります。
はじめから数えて30番目の分数は何でしょうか。

答え（　　　　　　　）

1   答え　36通り

式　一の位が5のとき
$$4×4=16$$
　　一の位が0のとき
$$5×4=20$$
$$16+20=36$$

5の倍数になるには，一の位が5か0のときだけである。
□□5の時を考えると百の位を選ぶ方法が4通り。
（0は百の位に使えない）
十の位を選ぶ方法も4通り。そのため4×4＝16で，
16通りである。
□□0の時を考えると百の位を選ぶ方法が5通り。
十の位を選ぶ方法が4通り。
そのため5×4＝20で20通りになる。
それらをたして36通りになる。

2   答え　21個

白石は，3＋3＋4＋5＋6＋…のように増えていく。28になるのは，
6回目の時である。
黒石は，1回目の時は白石より2個少ない。

2回目の時は		3個少ない
3回目の時は		4個少ない
⋮		⋮
6回目の時は		7個少ない　　だから，28−7＝21

3   答え　12㎠

式　（4＋8）×□÷2＝54　　□＝9cm
$$4×6÷2=12$$

◀解説動画

台形の高さが分かっていないので，高さを□cmにして公式に当てはめる。
（4＋8）×□÷2＝54になるので，求めると□＝9cmとなる。
　面積は，三角形APD＝三角形BPCのため，底辺を辺ADと辺BCとすると高さは、三角形
APDのほうが三角形BPCより2倍長くなる。そのため，三角形APDの高さは6cmになる。
　よって，三角形の公式にあてはめ，4×6÷2＝12　12㎠となる。

4 答え 水曜日

式　96÷28＝3あまり12（3週間と12日）

12＝5×2＋2

太郎君の3回目の当番は，39×2＋18で96人目にあたる。

また，1週間に当番する人の人数は，5×4＋8＝28で，合計28人。

よって96÷28＝3あまり12

12＝5＋5＋2のため，4週目の水曜日ということが分かる。

（月）（火）（水）

また，表に表すこともできる。

月	火	水	木	金
1～5	6～10	11～15	16～20	21～28
29～33	34～38	39～43	44～48	49～56
57～61	62～66	67～71	72～76	77～84
85～89	90～94	95～99		

上記のように考えると，「96」の太郎君は水曜日になる。

5 答え $\dfrac{30}{8}$

式（分母）

1＋2＋3＋4＋5＋6＋7＝28

1＋2＋3＋4＋5＋6＋7＋8＝36

よって，分母は8になる。

分子は1　2　3　4 …と順番に並んでいるので，30番目の分子は30となる。分母は，分母の数だけ同じ数字がくり返される。例えば，1は1回，2は2回，3は3回くり返されている。そのため，たしていくと1＋2＋3＋4＋5＋6＋7＝28のため，30番目の分母は8になり，答えは$\dfrac{30}{8}$となる。

【引用文献】
『教室熱中！難問1問選択システム6年』向山洋一・木村重夫編　p.76,77

★問題が5問あります。１問だけ選んでときましょう。

1 灰色部分の面積を計算して求めましょう。
（ただし，円周率は3.14として計算します。）

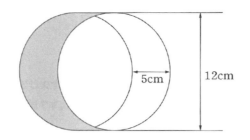

5cm

12cm

答え（　　　　　　　）㎠

2 A～Eの5人が，年末ジャンボ宝くじを買いました。１人だけ一等の１億円が当たったという噂が流れました。だれが当たったかを知りたくて，5人に話を聞いたところ，次のように答えました。

A「当たったのはCだ。」
B「当たったのはAだ。」
C「Aは『Cが当たった』と言ったが，それはウソだ。」
D「私は当たっていない。」
E「当たったのはBだ。」

　しかし，本当のことを言ったのは5人のうち１人だけで，他の人はウソをついています。本当に一等１億円が当たったのはだれでしょうか。

答え（　　　　　）

名前（   ）

3 　平行四辺形ABCDがあります。辺ABを底辺にしたときの高さは
何cmですか。

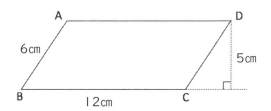

答え（　　　　　　）cm

4

左の図で大きい正三角形の面積は
小さい正三角形の面積の４倍です。

右の図で一番大きい正三角形の面積は，
一番小さい正三角形の面積の何倍ですか。

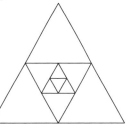

答え（　　　　　　）倍

5 　正方形の折り紙を用意します。その正方形の１つの辺の長さを
一辺とする正三角形を作りましょう。折る回数は５回です。

[1] **答え　60㎠**

全体の面積から黒くぬった円の面積をのぞいた
部分が求める面積になる。（図１）

◀解説動画

 の面積は  から，黒くぬった円の面積をのぞいた
部分。（図１）

黒くぬった円の面積を，半円と半円の２つにわって，全体の面積から
引いても求める面積は同じである。（図２）

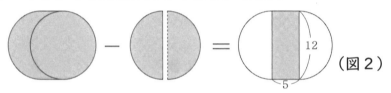

（図２）

これは，長方形になるから，面積はたて×横で，12×5＝60

[2] **答え　D**

５人の話を表に整理すると以下のようになる。

だれが当たったか／本当のことを言った人	A	B	C	D	E
A	×	×	○○	○	
B	○	×	×○	○	
C	×	×	××	○	
D	×	×	×○	×	
E	×	○	×○	○	

○…当たった
×…当たってない

矛盾がないのはCが本当のことを言っている場合になり，
Dが当たったことになる。

選＝田口由梨（編集チーム）

3 　答え　10cm

　問題を読み間ちがえて，平行四辺形の面積を求めるという間ちがいが
多い。辺ABを底辺にしたときの高さは，

　式　12×5＝60
　　　6×□＝60
　　　　□＝60÷6
　　　　　＝10

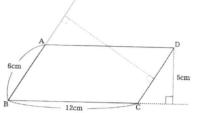

4 　答え　64倍

つまり，4×4×4＝64

5 　答え　下記の通り

①折り紙ABCDを，図のように二等分して折り目を付ける。
②頂点Cを中心として，頂点Dが折り目の線上に来るように折る。その点
　を点Eとする。
③点Eと頂点Cを結んだ線で後ろ側に折る。
④頂点Bを中心として頂点Aと点Eと重なるように折る。
⑤点Eと頂点Bを結んだ線で後ろ側に折る。

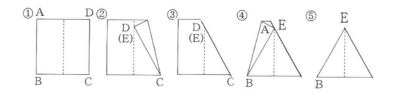

【引用文献】
『教室熱中！難問1問選択システム6年』向山洋一・木村重夫編　p.92,93

★問題が5問あります。1問だけ選んでときましょう。

1 　　ある村で3人の勇者を選ぶ選挙を行います。その村の人数は577人です。村人は1人1票投票できます。勇者の候補が9人いるとき，必ず勇者に選ばれるためには，最低何票なければなりませんか。

答え（　　　　　　　）票

2 　灰色の部分の面積をもとめましょう。

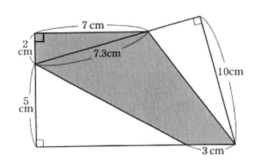

答え（　　　　　　　）c㎡

3 　　太郎君のお兄さんに「何才ですか」と，たずねました。お兄さんは次のように答えました。
「私は，3でわると，2あまる。」
「5でわると，4あまる。」
「7でわると，1あまる。」
お兄さんは何才でしょう。

※お兄さんは100才をこえていません。

答え（　　　　　　　）才

名前（　　　　　　　　　　）

4　次のように数が組になって並んでいます。15組目の真ん中の数はいくつですか。

1組目（2）
2組目（4，6）
3組目（8，10，12）
4組目（14，16，18，20）

答え（　　　　　）

5　立方体(あ)を下のような灰色の面(正六角形)で切りました。その切り口を展開図(い)にかきましょう。

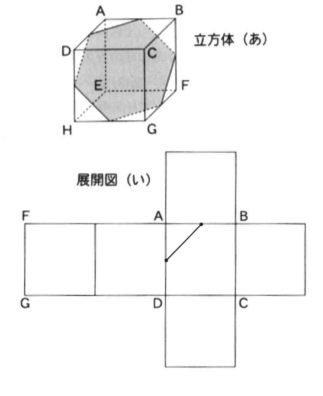

解答と解説 No.10

1 答え　145票

勇者の候補数に関係なく，勇者の数に注目する。

$577÷(3+1)＝144・・・1$
$144+1＝145$

2 答え　51cm²

◀解説動画

補助線を引き，①，②，③と別々に求める。
①式　$2×7÷2＝7$
②式　$7.3×10÷2＝36.5$
③式　$3×5÷2＝7.5$
　式　$7＋36.5＋7.5＝51$

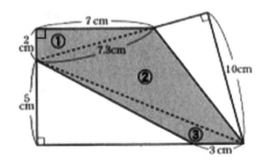

3 答え　29才

　まず，「7でわって1あまる」数を書いていく。
もしくは，「5でわって4あまる」数を書いていく。
その中で当てはまる数を見つけていく。

選＝林　健広（編集チーム）

4 　答え　226

1組から14組までの数字の個数は

1＋2＋3＋4＋5＋6＋7＋8＋9＋10＋11＋12＋13＋14＝105

15組には15個並んでいるので，真ん中は8番目。

105＋8＝113

2×113＝226

（もとの数の113個目＝226）

5 　答え

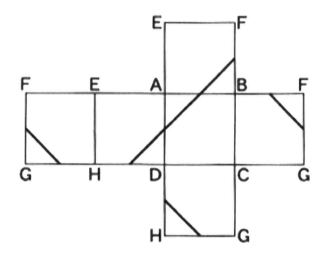

【引用文献】

『教室熱中！難問1問選択システム6年』向山洋一・木村重夫編P74～75

◎和算に挑戦しよう
和算とは日本の算数です。昔の
日本人が挑戦していた問題です。

★問題が5問あります。1問だけ選んでときましょう。

1　金太郎は，足柄山で天狗と熊を友達にして遊んでいます。ある
日，金太郎の母が，その友達を数えました。頭は77，足は244あ
りました。天狗は何人，熊は何頭ですか。
　　ただし，天狗の足は2本，熊の足は4本とします。

1869年『算数珍書』より

答え　天狗（　　　　　　　　）人　熊（　　　　　　　　）頭

2　今，油が14Lがぴったり入った升があります。
　これを3Lはかれる升と，5Lをはかれる升とをもって，7Lと5L
と2Lに分けます。どうしたらよいでしょうか。　　1846年『摘要算法』より
　　　　　　　　　　　　　　　　　　　　　　　　　　※単位はLに変えています

答え

3　京都から江戸に行く人がいます。毎日7里半歩きます。
　江戸から京都に行く人がいます。毎日12里半歩きます。
　京都から江戸までは，120里あります。
　同じ日に出発したとして，何日で二人は会いますか。
　また，会ったとき，二人はそれぞれ何里歩いていますか。

1684年『算俎』より　※1里は約3.9km

答え（　　　　　　　　）日　　京都からの人（　　　　　　　　）里

江戸からの人（　　　　　　　　）里

名前（　　　　　　　　　　）

4 いくつあるのか分からない碁石（ごいし）があります。
　その碁石の数を聞かれたときに，
　　まず，その数から7をひけるだけひいた数を聞き，残りが2.
　　また，その数から5をひけるだけひいた数を聞き，残りが1.
　　また，その数から3をひけるだけひいた数を聞き，残り2.
　このことから碁石はいくつでしょうか。

『塵劫記』より

答え（　　　　　）

5 『三国志』の英雄（えいゆう）の一人，曹操（そうそう）が息子（むすこ）に出した問題です。
　「象の重さはどうやって，はかればいいのか？」
　　※昔ですから，象をはかる体重計はありません。

1659年『改算記』より

答え

1 答え　天狗　32人　熊45頭

　頭77がすべて熊ならば，1頭につき，足の総数は77×4＝308になる。ところが，実際は，244本で，64本足らない。なぜ足りないのか。全部が熊だという設定が間違っている。天狗一人あたりの足の数は，熊に比べて2本すくない。よって，天狗の頭数は，64÷2＝32となる。
熊は77−32=45となる。

2 答え

（14Lの升，5Lの升，3Lの升）を（大，中，小）とする。
①大から中へ（14，0，0）→（9，5，0）
②中から小へ（9，5，0）→（9，2，3）
③小から大へ（9，2，3）→（12，2，0）
④中から小へ（12，2，0）→（12，0，2）
⑤大から中へ（12，0，2）→（7，5，2）

3 答え　6日　京都からの人45里　江戸からの人75里

　7里半→7.5　12里半→12.5とする。
　2人合わせて，1日で7.5＋12.5で20里歩く。
　120÷20で6日。2人が6日間で歩いた道のりは，7.5×6で45里、12.5×6で75里となる。

選＝林　健広（編集チーム）

4　**答え　86**

　１つずつ，数字をあてはめて計算していくやり方がある。

　また，「その数から７をひけるだけひいた数を聞き，残りが２．」「その数から３をひけるだけひいた数を聞き，残り２．」とあるので，７と３の公倍数である21を使い，21×□＋2という式が成り立つ。□に１，２，３，と数字を入れて計算していくやり方もある。

```
21×□＋2            ┌── 5をひいて残り1の数
    1      =23  ×
    2      =44  ×
    3      =65  ×
    4      =86  ○
    5      =107 ×
```

5　**答え**

　10歳にもなっていない息子は次のように答えた。

「象を船に乗せ，そのとき水が船のどこまできたかに印をつける。次に，象をおろす。そして，象を乗せたときの印まで物を積む。その時積んだ物の合計の重さをはかれば象の重さが分かる。」

◎和算に挑戦しよう
和算とは日本の算数です。昔の
日本人が挑戦していた問題です。

★問題が5問あります。1問だけ選んでときましょう。

1 図のように，5等分の線が引いてある旗を，5色に塗ることにしました。何通りの塗り方がありますか。ただし，一度に同じ色は使いません。

1781年『精要算法』より

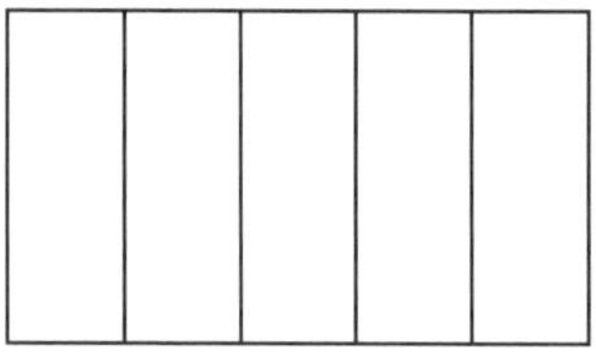

答え（　　　　　　）通り

2 青，赤，黄，白，黒の5色で、旗の5つの部分を塗るとき，何通りの旗ができますか。ただし，一度に同じ色を使ってもいいこととします。

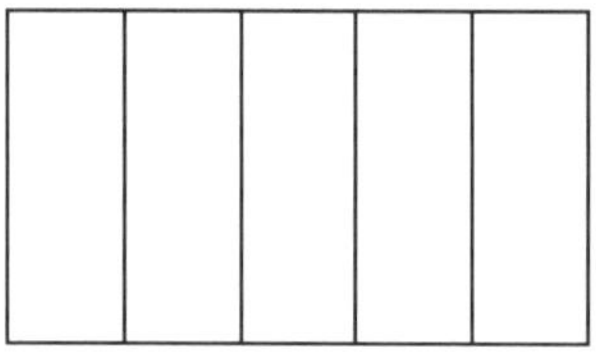

答え（　　　　　　）通り

3 たて20cm，横10cmの長方形を紙を切って，正方形の形にしましょう。

1743年『勘者御伽草子』より

名前（　　　　　　　　　　　　　）

4 和算にある「からす算」という問題です。
　999羽のからすが，999の海辺で，1羽ごとにそれぞれ999声
ずつ鳴いたとします。鳴き声は全部でいくつになるでしょう。

答え（　　　　　　　　　　　　　）

5 和算にある「絹盗人算（きぬぬすびとざん）」という問題です。
　盗人（ぬすびと）が，橋の下で、盗んだ絹（きぬ）を等しく分けようとしています。
「一人に8反（たん）ずつ分けると，7反足りない」
「一人に7反ずつ分けると，8反あまる」
　盗人は何人で，盗んだ絹は何反でしょう。
　※反は，織物を数える単位です

答え　盗人（　　　　　　　）人　絹（　　　　　　　）反

解答と解説 No.12

1 答え　120通り

いわゆる順列の問題。色を、a, b, c, d, eとする。
一番左には，a, b, c, d, eの5通り入る。

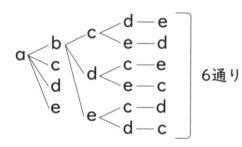

6×4＝24
一番左のaの並べ方で24通り
5色あるので24×5＝120
120通り

2 答え　3125通り

仮に一番左を赤とする。
その横には，赤を含めた赤，青，黄，白，黒の5通り。
これは全部にいえることなので、
5×5×5×5×5＝3125となる。

3 答え

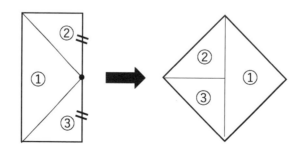

4　答え　997002999

999×999×999を根気強くすれば解ける。

もしくは，次の解き方もある。
まず999に999を1回かける。
999×999＝999×1000－999
　　　　　　　　　　＝999000－999
　　　　　　　　　　＝998001
次にこの答えに999をかけるので，
1000倍したものから998001を引く。
998001×999＝998001000－998001
　　　　　　　　　　＝9億9700万2999

5　答え　盗人15人　絹113反

盗人をx人として，1つ1つ数字をあてはめていく。

$7×x＋8＝8×x－7$
xが10のとき　78≠73
xが11のとき　85≠81
　　　⋮
xが15のとき　113＝113　になる。

★問題が5問あります。1問だけ選んでときましょう。

1　マッチぼうで下のように1段，2段，3段…と三角形を作っています。20段作るとすると，マッチぼうは全部で何本必要ですか。

答え（　　　　　）本

2　□の中に1～9の数字をそれぞれ1度だけ使って，正しい計算にしましょう。

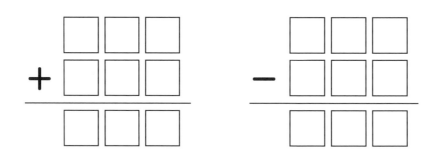

3　親子2人が240段の石段をのぼります。子どもは2段とばして3段ずつ，お父さんは3段とばして4段ずつのぼっていきました。このとき，2人ともふまなかった石段の数は何段あるでしょう。

答え（　　　　　）段

名前 （ 　　　　　　　　　　　　　 ）

4 　一辺が５cmの立方体で，ある立体を作ります。下の図は、その立体を正面と真上と真横から見たものです。作った立体の体積を求めましょう。

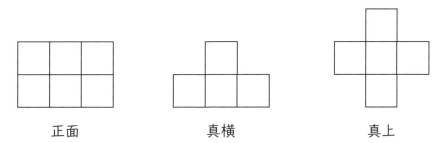

正面　　　　　　　　　　真横　　　　　　　　　　真上

答え （ 　　　　　　　 ） cm³

5 　正六角形ABCDEFの面積は，102cm²です。灰色の部分の面積は何cm²ですか

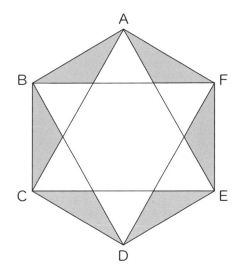

答え （ 　　　　　　　 ） cm²

[1] 答え　630本

　一段目で使うマッチ棒は3本。二段目で使うマッチ棒は6本。三段目で使うマッチ棒は9本。と考えていくと，それぞれ3の倍数になっていることが分かる。3×20＝60。

　60までの3の倍数をすべて足すと，630になる。

　3＋6＋9＋12………54＋57＋60＝630

[2] 答え

```
  382        792
 +194       -634      この他にも答えがある
 ────       ────
  576        158
```

　パズルのようであるが，繰り上がりと繰り下がりがポイントになる。

　2度同じ数字が使われていないか，正しく計算できているか確認して正解にする。

[3] 答え　120段

　子供が，ふんだ石段の数は，240÷3で80段である。お父さんがふんだ石段の数は，240÷4で60段である。3と4の最小公倍数は12であるから，親子2人ともふんだ石段の数は，240÷12＝20段である。以上のことから，ふまれた石段の合計は，80＋60－20で120段となる。よって，2人ともふまなかった石段の数は，240－120で120段となる。

選＝鶴田裕一（編集チーム）

4　答え　1000㎤

　1つの立方体の体積は，5×5×5＝125㎤。
この立方体を8個使って作られているので，
125×8＝1000㎤

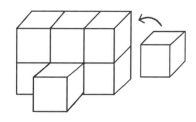

5　答え　34㎠

◀解説動画

　正六角形は，下図のように面積を18等分することが
できる。灰色の部分の面積は，正六角形の面積の$\frac{6}{18}=\frac{1}{3}$
$=102×\frac{1}{3}=34$になる。

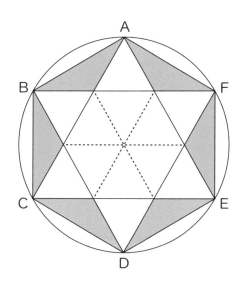

【引用文献】
『向山型算数教え方教室　2000年5月号70、71ページ・6月号70、71ページ』

★問題が5問あります。1問だけ選んでときましょう。

1 1辺の長さが1cmの立方体を，下の図のように段々に重ねていきます。8段に重ねるには，何個の立方体がいりますか。

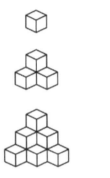

答え（　　　　　）個

2 下の図は半径10cmの円と，その内側に接する正六角形です。灰色の部分の面積を求めましょう。

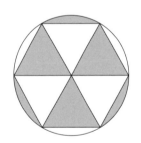

答え（　　　　　）cm²

3 下の長方形を6つの正方形に切りはなしましょう。

11cm

5cm

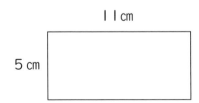

名前（   ）

4　次の筆算で□，〇，△に入る数字をそれぞれ書きましょう。
　　なお，記号に入る数字はそれぞれ違います。

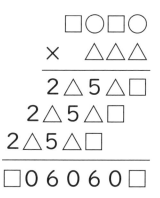

```
      □〇□〇
  ×   △△△
  ─────────
   2△5△□
   2△5△□
   2△5△□
  ─────────
   □06060□
```

答え（□=　　　　〇=　　　　△=　　　　）

5　下の4つの数字と，＋，－，×，÷のどれかを使って，答えが
　　10になる式をつくります。＋，－，×，÷は全て使わなくてもい
　　いです。

1，1，5，8

答え（　　　　　　　　　　　　　）

解答と解説 No.14

1　答え　120個

　　1段目は1個，2段目はそれに2個加えた3個，
3段目はそれに3個加えた6個になっている。
よって，立方体の個数は，
1+3+6+10+15+21+28+36=120（個）

段	1	2	3	4	5	6	7	8	計
個	1	3	6	10	15	21	28	36	120

2　答え　157㎠

　　一見，複雑そうに見える。
　　しかし，2種類の図形からできていることに気づき，それを移動させる
と半円になることが分かれば簡単に解ける。
10×10×3.14÷2=157

3　答え

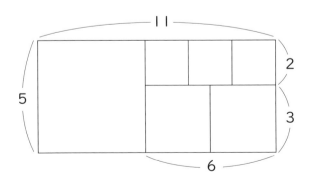

◀解説動画

出題＝小貫義智・藤井幹裕・太田政男

選＝鶴田裕一（編集チーム）

4　**答え　□＝3　○＝9　△＝7**

まず答えに注目する。

十万の位を見ると，百万の位に1繰り上がっていることが分かる。

よって□は3。

次に答えの十の位に注目する。

□＋△＝0となっている。

□が3で，一の位からの繰り上がりもないので△は7になる。

最後に式を見る。

「3○3○×777」の一の位の○と7を掛けると，答えの一の位が3になる。

それを満たす○に入る数は9しかない。

5　**答え**

$8 \div (1 - 1 \div 5) = 10$

【引用文献】
『向山型算数教え方教室　2000年7月号70、71ページ・8月号70、71ページ、2005年10月号72・73ページ』

★問題が5問あります。1問だけ選んでときましょう。

[1] 15でわると2あまる数は，50から100までの間にいくつあり
ますか。

答え（　　　　　）つ

[2] ある3けたの数は，2でわっても1あまり，3でわっても1あ
まり，4でわっても1あまり，5でわっても1あまり，6でわっ
ても1あまり，7でわっても1あまります。
この数はいくつですか。ただし，500以上の数です。

答え（　　　　　）

[3] 3×（2×2×・・・×2）＝？
3に2を100回かけます。答えの一の位の数字は何でしょうか。

答え（　　　　　）

名前（　　　　　　　　　　　）

4　次のわり算の□にあてはまる数字を書きましょう。

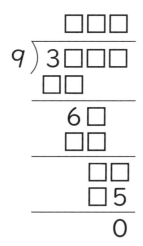

5　Aからスタートし，7つの点を一度ずつ通ってもどります。できるだけ短い道のりでまわるには、どんな順番でまわったらいいでしょうか。

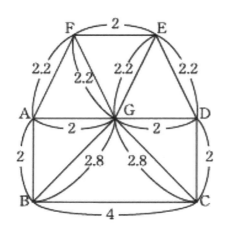

答え（A→　　→　　→　　→　　→　　→A）

1 答え　3つ

　　50＜　15×□＋2　＜100
　に地道に数字をあてはめればよい。

　　　15×3＋2＝47　……×
　　　15×4＋2＝62　……○
　　　15×5＋2＝77　……○
　　　15×6＋2＝92　……○　　問題の条件にあてはまるのは，
　　　15×7＋2＝107　……×　　62，77，92である。

2 答え　841

　　2と3と4と5と6と7の最小公倍数に1を加えれば
　よい。7の倍数で500以上は504から。ここから地
　道に数字をあてはめても解ける。

◀解説動画

　　また，全部の数字をかける中から，6の倍数（2と3の
　倍数に全部含まれる）と4の倍数の半分をのぞいてもよい
　ので，7×5×3×2×2＝420（最小公倍数）。500以上
　という条件にあてはまらないので，420×2＋1＝841

3 答え　8

　　3×2＝6。これに2をかけていくと，12・24・48・96・192・
　384・768となる。すなわち，「一の位」は，（6，2，4，8）と4つの数
　字をくりかえす。
　　また，100÷4＝25　あまり0　から，四番目の8と分かる。

4　答え　3375÷9＝375

　　商を考える。百の位の商は，4か3か2。

　　仮商4だと　　3□−36≠6，

　　仮商2だと　　3□−18≠6から商は3と

分かる。

　　また，一の位は□□−□5＝0から5。

　　同様に十の位の商は7か6だが，

　　6□−□□＝4から7と分かる。

$$\begin{array}{r} \boxed{3}\boxed{7}\boxed{5} \\ 9\overline{\smash{)}\,3\boxed{3}\boxed{7}\boxed{5}} \\ \underline{\boxed{2}\boxed{7}} \\ 6\boxed{7} \\ \underline{\boxed{6}\boxed{3}} \\ \boxed{4}\boxed{5} \\ \underline{\boxed{4}5} \\ 0 \end{array}$$

5　答え　A→B→G→C→D→E→F→A

　　まわり方は「ABCDEF（逆も正解）」。

どこでGに行くかが問題である。道のりをできるだけ短くするには，

△GXYにおいて，（XG＋GY）−XYの値が最小となる三角形で，Gに

寄るのがよい。

　　すなわち，三角形GBCのところである。

（2.8＋2.8）−4＝1.6

答え（順番）

A→B→G→C→D→E→F→A

＊またはこの逆回り

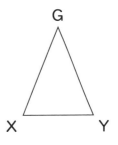

【引用文献】
『向山型算数教え方教室　2000年9月号70，71ページ・10月号70，71ページ』

★問題が5問あります。1問だけ選んでときましょう。

1　1，2，3，4，5を下の式の□の中に1つずつ入れて，計算の答えを最大にします。計算の答えが最も大きくなる数を求めなさい。

□＋□－□×□÷□　　　　　　答え（　　　　　）

2　下の図は，1辺の長さが10cmの正方形の紙を2枚重ねたもので，周りの長さは60cmです。重なっている部分の面積を求めなさい。

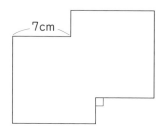

7cm

答え（　　　　　）cm²

3　あきお君は，くさりにつながれた犬にかまれないように動かなければなりません。あきお君が動けるはんいは何m²ですか。
くさりはどれも2mです。
（ただし，首輪の先の頭の部分は無視して考えます。）

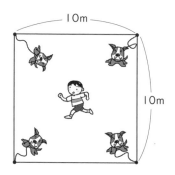

10m

10m

答え（　　　　　）m²

名前（　　　　　　　　　　　　　）

4　図のように，三角形を5つの面積の等しい三角形に分割します。底辺の長さを15cmとすると，xの長さは何cmでしょうか。

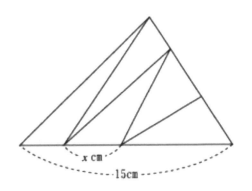

答え（　　　　　　）cm

5

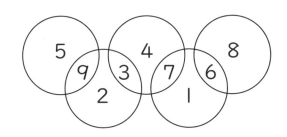

上の図は1つの円に囲まれた数の和がどの円も14になります。これと同じように下の図に1から9までの数を1回だけ使って1つの円に囲まれた数の和がどの円も13になるよう数を入れましょう。

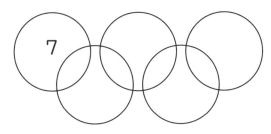

1 答え $8\frac{1}{3}$

$\boxed{5}+\boxed{4}-\boxed{1}\times\boxed{2}\div\boxed{3}$

上のように数字を入れる（5と4，1と2は逆でもよい）。
計算の答えは、$8\frac{1}{3}$

2 答え 21㎠

　重なっていない場合，この図形の周りの長さは，正方形2つ分だから，40×2＝80(㎝)

　この図形の場合、グレーの部分を含めない周りの長さは60㎝だから，グレーの周りの部分の周りの長さは，80－60＝20(㎝) になる。

　グレーの部分の長方形の横の長さは
10－7＝3(㎝)

　たての長さは、(20－3×2)÷2＝7(㎝)

　したがって，2つの正方形の紙が重なっている部分の面積は，
7×3＝21(㎠)

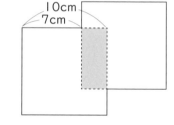

3 答え 87.44㎡

　よく見ると，10m×10mの正方形の面積から半径2mの円の面積を引くだけです。
10×10＝100
2×2×3.14＝12.56
100－12.56＝87.44（㎡）

◀解説動画

4 答え　4cm

三角形の面積は高さが等しいときには底辺の長さの比が
面積の比になる。

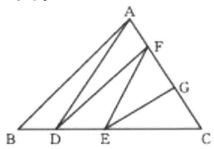

上の図のように記号をつける。
BD：DC＝1：4，DE：EC＝1：2
DC＝15×$\frac{4}{5}$＝12

DE＝12×$\frac{1}{3}$＝4

5 答え

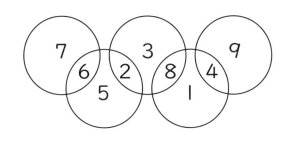

【引用文献】
『向山型算数教え方教室　2000年11月号 70、71ページ・12月号 70、71ページ、2005年10月号　72～73ページ』

★問題が5問あります。1問だけ選んでときましょう。

1 　図のように，1辺が30cmの正方形から，1辺が15cmの正方形を取りのぞいた図形のまわりを，半径2cmの円が矢印のように辺からはなれずに1周するとき，円が通った部分の面積を求めなさい。円周率は3.14。

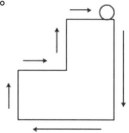

答え（　　　　　　　）cm²

2 　図形を次のようにならべていきます。
　130番目の図形は何という形でしょうか。

1　2　3　4　5　6　7　8　9…
□　○　△　▱　○　▽　□　○　△…

答え（　　　　　　　）

3 　図のように円周上の点を結んでできる二等辺三角形（正三角形もふくむ）はいくつありますか。

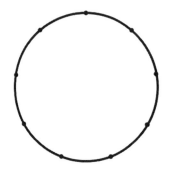

答え（　　　　　　　）

4　よしお，はなこ，たろうの３人でじゃんけんをしました。
　じゃんけんは全部で６回しました。
　負けると次回は１回休み（×）です。
　よしおはパーを２回，チョキを２回，グーを１回出しました。
　はなこは，パーを２回，チョキを１回，グーを２回出しました。
　たろうは，パーを２回，チョキを２回，グーを２回出しました。
　だれが一番多く勝ちましたか。

	1	2	3	4	5	6
よしお	？	パー	チョキ	？	×	？
はなこ	グー	グー	？	パー	チョキ	？
たろう	チョキ	？	？	パー	グー	パー

答え（　　　　　　　　　）

5　次の分数のたし算で□にあてはまる数を書きなさい。ただし，
　１から20までの数で，同じ数を２回使ってはいけません。

$$\frac{1}{\square} + \frac{1}{3} + \frac{1}{\square} + \frac{1}{\square} = 1$$

答え（　　　　　　　　　）

1 答え　525.94㎠

面積＝斜線部＋円の$\frac{1}{4}$×5－黒塗り部

斜線部＝（30×4－4）×4＝464

円の4分の1＝4×4×3.14×$\frac{5}{4}$＝62.8

黒塗り部＝（4×4－2×2×3.14）÷4＝0.86

464＋62.8－0.86＝525.94

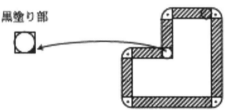

黒塗り部

2 答え　台形

6番目までで1つのまとまりです。

だから130÷6＝21あまり4

4番目の図形の台形が答えです。

3 答え　30

1点を固定したとき，正三角形を除く二等辺三角形3つ。「円周上の点」は，9個。よって，正三角形を除く二等辺三角形の合計は、3×9＝27。また，正三角形は3つ。（重なった正三角形は数に入れない。）したがって，27＋3＝30

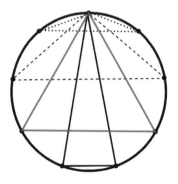

出題＝松藤　司・藤井幹裕・長谷和美・堀部克之

選＝鶴田裕一（編集チーム）

◀解説動画

4　答え　たろう

よしお…パー１回。チョキ１回。グー１回。
はなこ…パー１回。
たろう…チョキ１回。グー１回。

　×のところは，よしおは休んでいるので，その前の４回目はよしおは負けている。だからグーになる。２回目は３人ともやっているので，１回目はおあいこ。よしおはパー。よしおがあと残っているのは，６回目のチョキになる。
　このように？を求めていく。

5　答え　2，9，18

20までの整数で，約数が１以外に４つ以上ある数をさがす。
例えば，次の数の約数を考えてみる。
20の約数
（1，2，4，5，10，20）
18の約数
（1，2，3，6，9，18）
16の約数
（1，2，4，8，16）
この中で，3があるのは18の約数。
18の約数の中から，たして18になる数字をさがす。
1＋2＋6＋9＝18になる。
分子が1，2，6，9になる分母を考える。

【引用文献】
『向山型算数教え方教室　2001年2月号70、71ページ・3月号70、71ページ　4月号70ページ、71ページ』
『向山型算数教え方教室　2004年10月号74、75ページ』

難問 No.18

★問題が5問あります。1問だけ選んでときましょう。

1 みかんが何個かあります。1人に3個ずつ配ると6個あまり，
1人に5個ずつ配ると4個たりません。
みかんは，何個ありますか。

答え（　　　　）個

2 1＋2＋3＋…49と順番にたし算をしました。
ところがある数をたしわすれてしまい，答えが1188になってし
まいました。たしわすれた数は，いくつですか。

答え（　　　　）

3 83と94から24，24と58から19というように導かれます。
以下もすべて同じ規則でつながっています。？は，いくつです
か。

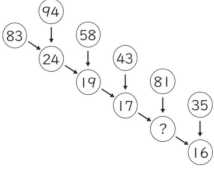

答え（　　　　）

名前（　　　　　　　　　　　　　　　）

4 色のついた部分の面積と周りの長さを求めなさい。
ただし，円周率は3.14とします。

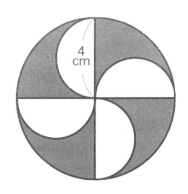

答え　面積　　　（　　　　　　　）cm²

答え　周りの長さ（　　　　　　　）cm

5 5けたの大きな数があります。
この数が『9』でわり切れるときは，□に入る数字は何でしょう。

　　　5□216

答え（　　　　　　）

解答と解説 No.18

1 答え　21個

差の集まり÷1人分の差=人数。人数がわかれば，計算で求められる。
(6+4)÷(5−3)=5
5人なので
3×5+6=21

2 答え　37

(初めの数+終わりの数)×こ数÷2で合計が求められる。
まちがえた答えを引けば，たしわすれが分かる。
(1+49)×49÷2=1225
1225−1188=37

3 答え　17

83と94から24が出てきた理由は，8+3+9+4=24,
次は2+4+5+8=19,
以下同じ原則で1+7+8+1=17

出題＝松崎　力・石井研也・雨宮　久

選＝櫻井愛梨（編集チーム）

4　答え　25.12㎠　66.24㎝

　　色のついた部分の面積は，大きな円の面積から，小さな円の面積を2つ分引いた数になる。

　　4×4×3.14＝50.24

　　2×2×3.14×2＝25.12

　　円周は，大きな円の円周と，小さな円の円周2つ分，それに直径2本分を合わせた長さになる。

　　8×3.14＝25.12　　　4×3.14×2＝25.12

　　4×4＝16　　　　　25.12×2＋16＝66.24

5　答え　4

　　『0』から『9』までひたすら計算する方法でも解ける。下3けたを9でわってみる。するとわり切ることが分かる。したがってのこりの『5□000』が9でわり切れればよい。9の段の答えで『5□』と2けたになるのは『9×6＝54』である。

　　したがって答えは,『4』となる。

別解　ある数が9でわり切れるとき，それぞれの数字をたすと9の倍数になるという数のきまりを使う。

　　5＋□＋2＋1＋6＝□＋14

　　　　　　　→9の倍数になる数18には□を4にする

　　　　　　　→54216とすれば，9の倍数になる。

【引用文献】

『向山型算数教え方教室　2002年12月号 P74』

『向山型算数教え方教室　2004年12月号 P72』

『向山型算数教え方教室　2004年3月号 P74』

★問題が5問あります。1問だけ選んでときましょう。

1　あきこさんの家はお父さん，お母さん，あきこさん，妹，おじいさん，おばあさんの6人家族です。6人乗りの車で出かけました。運転できるのはお父さんとお母さんです。何通りのすわり方がありますか。

答え（　　　　　　　）通り

2　ドライブに出かけました。行きは時速90kmで進みましたが，帰りは道が混んでいたため同じ道を時速30kmでしか進めませんでした。往復の平均の時速を求めなさい。

答え（　　　　　　　）km

3　下の図のように石を8こならべて，1から8までの番号をつけます。1番の石から右まわりに2こ進むと3番の石にきます。このように1番の石から右まわりに538こ進み，そこから左まわりに319こ進むと何番の石にきますか。

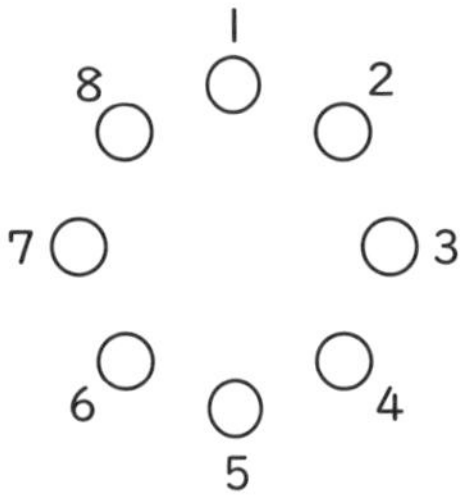

```
      1
  8  ○  2
  ○      ○
7○        ○3
  ○      ○
  6  ○  4
      5
```

答え（　　　　　　　）番

名前 （ 　　　　　　　　　　 ）

4 下の図形の中に四角形はいくつあるでしょう。

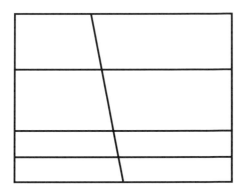

答え （ 　　　　 ）

5 下の図のように１辺が2cmの立方体を積み重ねていきます。
5段になったときの全体の体積を求めましょう。

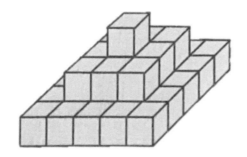

答え （ 　　　　 ） cm³

1 答え　240通り

組み合わせの問題。

運転席に座れるのはお父さんかお母さんだから，2通り。

それ以外の席にはだれでも座れる。だから，以下の式で求められる。

もちろん，樹形図でていねいにかきだしても正解にたどり着ける。

$2 \times 5 \times 4 \times 3 \times 2 \times 1 = 240$

2 答え　時速45km

60kmとしてしまいがちだ。

90kmの距離をドライブしたとすると行きは1時間，帰りは3時間かかったことになる。

往復で180km,それを4時間かけて進んだことになる。したがって，

$180 \div 4 = 45$

答えは時速45kmになる。

3 答え　4番

右まわりに538こ進み，左まわりに319こ進むということは結局右に
$538 - 319 = 219$こ進むということになる。右に219こ進むというのは、
$219 \div 8 = 27$あまり3と表される。以上のことから，右まわりに3こ進む
から答えは，4番となる。

選＝櫻井愛梨（編集チーム）

4　**答え**　**30**

　　四角形は横もたてもそれぞれ2本ずつ直線を選ぶことによってできる。図形のたての線をたて1，たて2，たて3とするとたての線の組み合わせは，たて1とたて2，たて1とたて3，たて2とたて3の3通りある。

　　同じように横の組み合わせを考えると，横の線の組み合わせは10通りある。全部の組み合わせは3×10＝30

　　30の四角形があることになる。

　　＜たての線の組み合わせ3通り＞

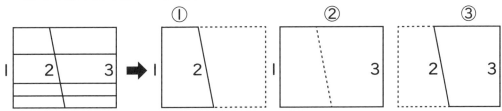

　　横の線の組み合わせも同様に考えると10通りある。

5　**答え**　**1320㎤**

　　立方体の体積は　　2×2×2＝8

また，1段ふえるごとに1辺あたりの立方体は2個ずつふえていく。

　　よって立方体の数は

　　1段目　1×1＝1

　　2段目　3×3＝9

　　3段目　5×5＝25

　　4段目　7×7＝49

　　5段目　9×9＝81　で，　合計165個になる。

　　立方体1個あたりの体積に全体の個数をかける。8×165＝1320

【引用文献】
『向山型算数教え方教室　2000年7月号 P70』（明治図書）
『向山型算数教え方教室　2002年7月号 P74』（明治図書）
『向山型算数教え方教室　2002年8月号 P74』（明治図書）

難問
No.20

★問題が5問あります。1問だけ選んでときましょう。

1　次の□の中に＋－×÷を入れて答えが100になる式をつくりましょう。（同じものを2回使ってもいい）

　　1□23□4□56□7□8□9＝100

答え（　　　　　　　　　　　　　　　）

2　おばあちゃんの年れいは，□オです。
　　□÷4＝△…2
　　□÷5＝○…1
　　□÷9＝★…5
　　おばあちゃんの年れいは何オでしょう。
　　（50オより上で100オよりは年下です。）

答え（　　　　）オ

3　60kmはなれた町に車で買い物に行きました。行きは時速60km
で走れたのですが，帰りはじゅうたいにひっかかり時速30kmに
なってしまいました。さて，行きと帰り全体の平均の速さは時速
何kmになりますか。

答え　時速（　　　　　　）km

4　工夫して次の計算をしましょう。

$$\frac{1}{6\times7}+\frac{1}{7\times8}$$

答え（　　　　　　）

5　34人のクラスで6人ずつ給食当番をしました。
　毎日交代していくと元のメンバーにもどるのは何日後ですか。
（順番は変えないものとします）

答え（　　　　　　）日後

1 　答え

　　１＋23－４＋56＋７＋８＋９＝100
　　１＋23×４＋56÷７＋８－９＝100

2 　答え　86才

　　□÷９＝★…５の□にあてはまる数を見つける。
　　９でわりきれる数は，45，54，63，72，81，90，99。
　　だから，□は50，59，68，77，86，95，104のどれかと
　なる。
　　104は，100を超えているから違う。
　　その中で，５でわって１余るものは，86。
　　これは４でわっても２余る。

3 答え　時速40km

ひっかけ問題。速さ＝道のり÷時間の公式でに忠実に解く。

行きに60÷60＝1時間かかり，帰りは60÷30＝2時間かかる。

往復120km÷合計3時間＝時速40km

4 答え　$\dfrac{1}{24}$

$\dfrac{1}{6\times 7}=\dfrac{1}{6}-\dfrac{1}{7}$と考えることができる。これを使って解く。

$\dfrac{1}{6\times 7}+\dfrac{1}{7\times 8}$

$=\dfrac{1}{6}-\dfrac{1}{7}+\dfrac{1}{7}-\dfrac{1}{8}$

$=\dfrac{1}{6}-\dfrac{1}{8}$

$=\dfrac{1}{24}$

5 答え　18日後

34と6の最小公倍数102のところで，最後がそろう。

よって，

$102\div 6=17$

$17+1=18$

【引用文献】
『向山型算数教え方教室　1999年秋 P66・67』
『向山型算数教え方教室　2001年7月号 P74・75』
『向山型算数教え方教室　2002年2月号 P74・75』
『向山型算数教え方教室　2002年6月号 P74・75』

難問(なんもん) No.21

【データの読解力問題】

1　なぞの暗号が見つかりました。調べた結果，暗号はそれぞれある数を表していること，ならんでいる暗号の表す数をたすと，それぞれ下の数を表していることが分かりました。

■・▲・○はそれぞれいくつを表しているのでしょうか。

▲▲○　→11
○■　→26
■■○○○○　→54

答え　■(　　　)　▲(　　　)　○(　　　)

2　下の表から△と□の関係を考えると，○の中にあてはまる数は，いくつになるでしょう。

(△－○)×3＝□

△	2	3	4	5	
□	3	6	9	12	

答え(　　　　)

名前（　　　　　　　　　　　　　　　）

3　図のように2つの輪がつながったくさりが4つあります。
　これを全部つないで1本のくさりを作ります。
　いくつかの輪を開いて，他の輪とつなげればよいのですが，1つの輪を開くのに1分，閉じるのに2分かかります。
　最短では，何分で1本のくさりにすることができるのでしょう。（作業は1人で行います）

答え（　　　　　　　）分

4　下のように，カレンダーのたて3列，横2列の6つの数を囲むと，6つの数の合計は51になります。
　このようにして，6つの数を囲んだら合計105になりました。
　囲んだわくの中でもっとも小さい数はいくつでしょう。

日	月	火	水	木	金	土
		1	2	3	4	5
6	7	8	9	10	11	12
13	14	15	16	17	18	19
20	21	22	23	24	25	26
27	28	29	30	31		

答え（　　　　　　　）

解答と解説 No.21

1 答え ■25 ▲5 ○1

２番目の暗号 ○■→26から，○は26－■となる。

これを3番目の暗号に当てはめて解くと，

■■(26－■)(26－■)○○→54

52○○→54

○○→2

○→1となる。

したがって，1番目の暗号から▲→5，2番目の暗号から■→25となる。

2 答え 1

(△－○)×3＝□

上の式の○に，1をあてはめて計算すると，△と□の関係が成り立つ。

3　答え　6分

◀解説動画

問題にある2連の輪4つのうち，いちばん右の2連の輪の両方を1カ所ずつ開き，それぞれを残りの2連の輪3つのつなぎとして使う。

1つのくさりを開くのに2分。ひらいた輪を2カ所閉じるのに4分かかるので，合計6分かかる。

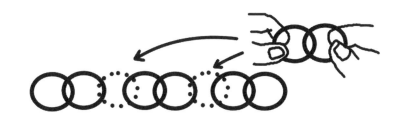

4　答え　10

6つのマスを足して，こつこつと探す方法がある。
また，囲んだカレンダーの数の法則から答えを出す方法もある。
（□は一番小さい数）

□	□+1
□+7	□+8
□+14	□+15

6つの数の合計は105だから，この関係を式に表すと，次のようになる。

□×6＋1＋7＋8＋14＋15＝105
□×6＋45＝105
□×6＝60
□＝10

【引用文献】
『向山型算数教え方教室126号』難問良問1問選択システム　P72，73

ロボットは命令どおりに進みます。次の命令では，ロボットは，どこに移動しますか。例の答えのように，○をつけましょう。

例

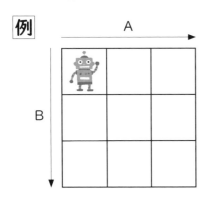

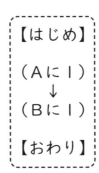

【はじめ】

（Aに１）
↓
（Bに１）

【おわり】

答え

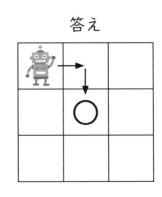

1

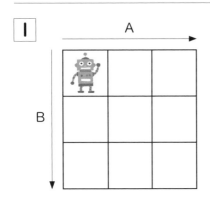

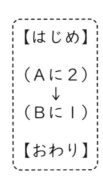

【はじめ】

（Aに２）
↓
（Bに１）

【おわり】

答え

2

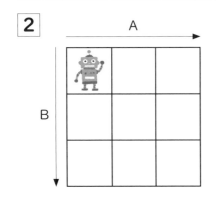

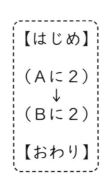

【はじめ】

（Aに２）
↓
（Bに２）

【おわり】

答え

名前（　　　　　　　　　　　　　　）

3

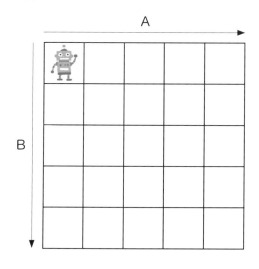

A →

B ↓

┌───────────────┐
│ 【はじめ】 │
│ │
│ （Aに２） │
│ ↓ │
│ （Bに２） │
│ ↓ │
│ （Aに１） │
│ │
│ 【おわり】 │
└───────────────┘

答え

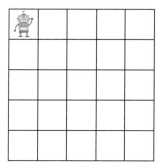

4

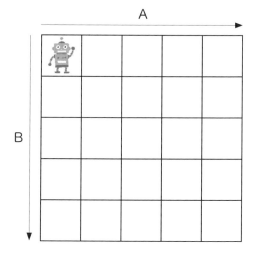

A →

B ↓

┌───────────────┐
│ 【はじめ】 │
│ │
│ （Aに２） │
│ ↓ │
│ （Bに２） │
│ ↓ │
│ （Aに１） │
│ ↓ │
│ （Bに２） │
│ ↓ │
│ （Aに１） │
│ │
│ 【おわり】 │
└───────────────┘

答え

5　ロボットは命令どおりに進みます。次の命令では，ロボットは，どこに移動しますか。答えに，○をつけましょう。

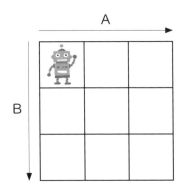

答え

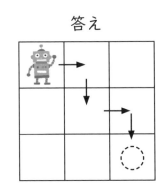

6

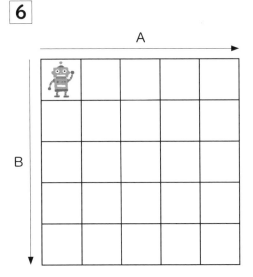

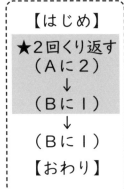

答え

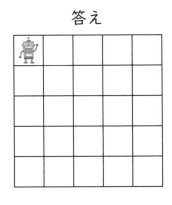

名前（　　　　　　　　　　　　）

7

A →

B ↓

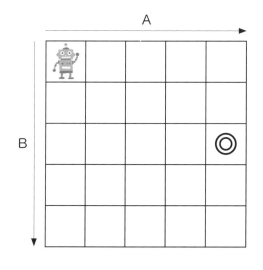

【はじめ】

☆もし◎に
きたら
スタート地点に
もどる

★3回繰り返す
（Aに2回）
↓
（Bに1回）

【おわり】

答え

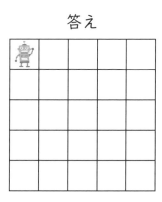

8　答えの〇でロボットが止まるように，命令を書きます。ただし，「☆もし～」「★（　）回くり返す」の命令は必ず使います。

A →

B ↓

【はじめ】

【おわり】

答え

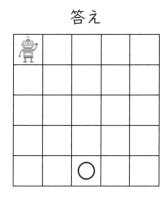

解答と解説
No.22

1

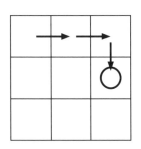

2

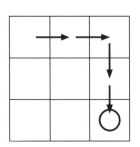

3

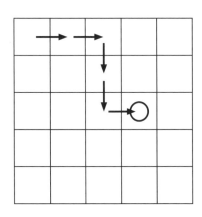

4

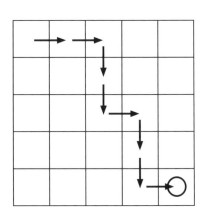

5

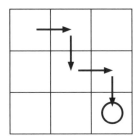

6

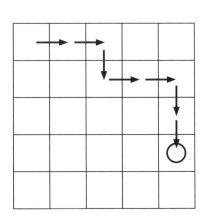

7

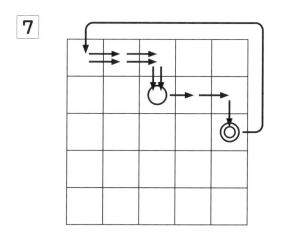

8 　児童の「命令」を見て，
○×をつける。

　プログラムの基本は３つである。１つ目が，順次。２つ目が分岐。３つ
目が反復。
　問題①②③④は順次になる。「次にどうするか」のプログラムである。
２つ目が，分岐。問題⑦⑧が分岐になる。もし～したら，というものであ
る。問題⑤⑥が反復。同じプログラムを繰り返すときに使う。私達の
生活には，この３つのプログラムであふれている。例えば，自動の掃除
機。「まずまっすぐに進む」「もし壁に当たったら，向きを変える」「これ
を繰り返す」というプログラムである。
　このようなプログラミングで大事なことはデバッグ。デバッグとは
「自分で原因を突き止めて処理する」こと。答えやヒントを子供にあれ
これ教えるのではなく，子供たちに挑戦させていきたい。

1　太郎君は，人文字をつくることを考えました。
1mおきにならびます。
例えば，5mの線では6人必要です。

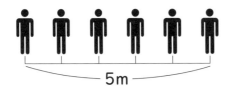

5m

下の「山口」という人文字をつくるには，何人必要ですか。

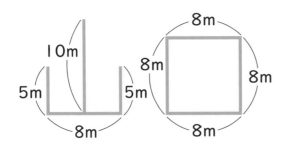

答え（　　　　　）人

下の「山田」という人文字を作るには，何人必要ですか。

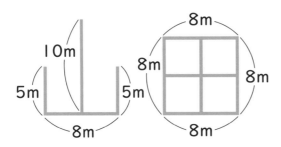

答え（　　　　　）人

名前（　　　　　　　　　　　　　　　）

2 兄弟で，1台ずつ一輪車を買いました。
兄は，車輪の直径が70cmの一輪車を買いました。
弟は，車輪の直径が50cmの一輪車を買いました。
10回転したとき，進むきょりのちがいは何cmですか。

70cm　　50cm

答え（　　　　　　　）cm

20m以上の差がつくのは，何回転目のときですか。
整数でもとめましょう。

答え（　　　　　　　）回転目のとき

3 山口県と福岡県をつなぐ関門橋は1973年11月にできました。
橋の長さは，1068m，橋の高さは海面から61mあります。
関門橋は，高速道路で渡ることができます。
高速道路を，長さ12mのバスが，時速80kmで走りました。
このバスが関門海峡を渡りきるのは何秒ですか。

答え（　　　　　　　）秒

4 太郎君の学級は，男子16人，女子14人，全部で30人です。
　　学級で，犬を飼っている12人，ネコを飼っている人は15人
で，どちらも飼っていない人は10人です。両方を飼っている人は
何人いますか。

答え（　　　　　）人

5 えんぴつを60本と赤えんぴつを36本買いました。
　　全部で10320円かかりました。
　　えんぴつ，赤えんぴつのあまりが出ないように，できるだけ多
くの人に，それぞれ同じ数ずつ配ろうと考えています。
　　何人に配ることができますか。

答え（　　　　　）人

名前 （　　　　　　　　　　　　　）

6 次郎君の学校は，835人の児童がいます。

　5月に虫歯があるかどうかの検査がありました。

　5年生全体は140人なのですが，5年生で虫歯だった人は、60%いました。

　1か月後，虫歯だった5年生のうち50%の人が歯のちりょうに行きました。

　5年生で，歯のちりょうに行った人は何人ですか。

答え（　　　　　）人

7 10円玉と50円玉が合わせて20枚あります。10円玉と50円玉のそれぞれの金額の合計の比が3：5のとき，10円玉は何枚ありますか。

答え（　　　　　）枚

1 答え　61人

図の中に，1mおきに，●を書いていく
山が29人。ロが32人。合わせて，61人となる。

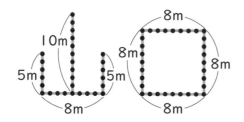

式で求めることもできる。
　5mの直線のとき，人数は6人必要だったので，長さ＋1で人数を求めることができる。
　山の場合，10＋1，5＋1，5＋1，8＋1をすべて足せばよい。
　すべて足すと，32となる。しかし，右下のように3カ所，重なっているので，3を引く。32－3＝29

　ロの場合も，同じように考えて，
8＋1＋8＋1＋8＋1＋8＋1＝36
　4カ所，重なっているので4を引く。36－4＝32

答え　74人

山が29人。田が45人。合わせて，74人となる。

式で求めるとすると，
田は，8＋1＋8＋1＋8＋1＋8＋1＋8＋1＋8＋1＝54。
9カ所，重なっているので9を引く。54－9＝45
山が29人だったので，29＋45＝74となる。

2　答え　628㎝

円周の長さは、直径×3.14。
兄の一輪車の場合，10回転で，70×3.14×10＝2198。
弟の一輪車の場合，10回転で，50×3.14×10＝1570。
差をもとめるので，ひく。
2198－1570＝628

答え　31回転目

1回転でうまれる差をまずは求める。
兄。70×3.14＝219.8
弟。50×3.14＝157
219.8－157＝62.8
つまり，1回転で62.8cmの差がうまれる。

20mなので，2000㎝。
2000÷62.8＝31.847・・・
整数でもとめましょう，とあるので，31回転目となる。

3　答え　48.6秒

渡りきるとあるので，橋の長さ＋バスの長さをする。
1068m＋12m＝1080m　　1080mは，1.08km。
時間を求めるので，距離÷速さをする。
1.08÷80＝0．0135。これは時間なので，秒にする。
0.0135×60×60＝48.6

4 答え 7人

男子と女子の人数が書いてあるが，答えを求めるには必要ない情報である。

犬を飼っている12人，ネコを飼っている人は15人で，どちらも飼っていない人は10人。まず，すべて足す。

12＋15＋10＝37

30人の学級なので，37から30をひく。

37－30＝7

5 答え 4人

値段が書いてあるが，答えを求めるには必要ない情報である。

60と36の最大公約数で求めることができる。

60の約数は，1，2，3，4，15，20，30，60。

36の約数は，1，2，3，4，9，12，18，36。

最大公約数は，4。

よって，4人である。

4人にえんぴつ15本ずつ，赤えんぴつ9本ずつ配れる。

6　答え　42人

　　学校全体の人数が書いてあるが、答えを求めるには必要ない情報であ
る。
　　5年生で虫歯だった人は140×0.6＝84。
　　そのうち、50％がちりょうに行ったので、
　　84×0.5＝42
　　よって、42人となる。

7　答え　15枚

　　金額＝単価×個数
　　個数＝金額÷単価　だから

　　3÷10 ： 5÷50　＝　$\frac{3}{10}$ ： $\frac{5}{50}$ ＝ $\frac{15}{50}$ ： $\frac{5}{50}$　＝　3：1（枚数の比）
　　20枚を3：1の比例配分にします。
　　20×$\frac{3}{4}$＝15（枚）

$$\left(\begin{array}{l} 10×15＝150 \\ 50×5＝250 \\ 150：250 ＝ 3：5 \end{array} \right)$$

小学6年「ちょいムズ問題」①

木村重夫

好きな問題を解きましょう。　（　）5問コース　（　）全問コース

【1】計算をしましょう。

$$44.1 \div 0.42 = \boxed{}$$

【2】1から50までの整数の中に、2の倍数はいくつありますか。

【3】半径6cmの円の内側に半径4cmの円をかきました。色をぬった部分の面積は何cm²ですか。（円周率は3.14とします）

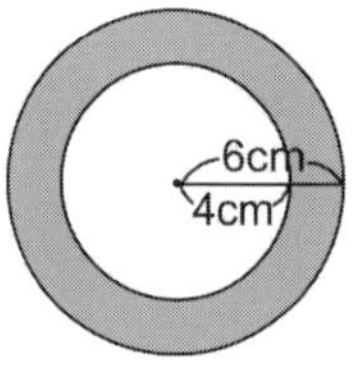

6cm
4cm

【4】次の比を簡単な整数の比にしましょう。

$$2.8 : 7 = \boxed{} : \boxed{}$$

【5】ボールを図のように積み上げます。6段積み上げた時、ボールはぜんぶで何個になりますか。

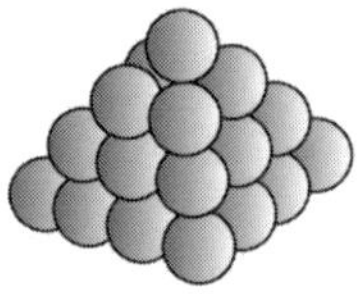

【6】右は直線ABを対称の軸とする線対称な図形です。直線IHに対応する直線はどれですか。

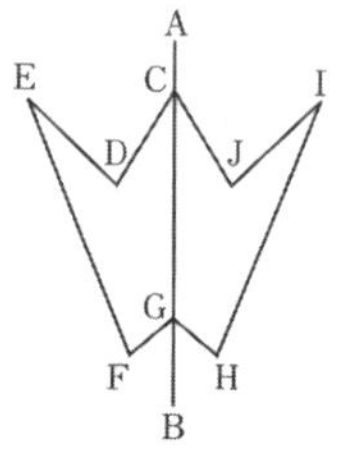

A
E C I
D J
G
F H
B

【7】次の数の最大公約数をもとめましょう。

$$18, 45$$

【8】計算をしましょう。

$$1 2 3 4 5 6 7 9$$
$$\times \qquad 2 7$$

【9】色をぬった部分の面積は何cm²ですか。

5cm
6cm
3cm
8cm

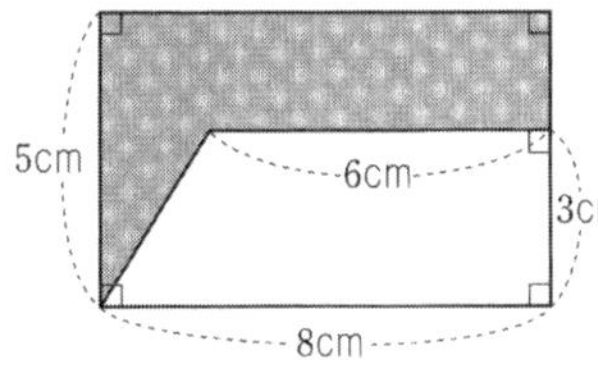

【10】右の円グラフはある学校の子ども400人がどの町に住んでいるか、百分率で表したものです。山上町に住んでいる子どもは何人ですか。

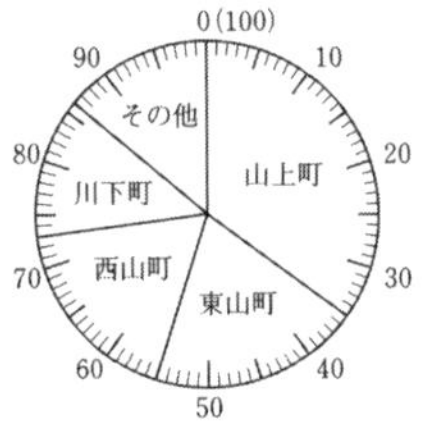

0(100)
90 10
80 その他 山上町 20
川下町
70 西山町 東山町 30
60 40
50

【解答】

【1】44.1÷0.42=105	【6】直線EF
【2】25	【7】9
【3】6×6×3.14−4×4×3.14=62.8　62.8cm²	【8】333333333（答え）
【4】2：5	【9】19cm²（長方形の面積から台形の面積を引く。5×8−(6+8)×3÷2=19）
【5】91個（36+25+16+9+4+1=91）	【10】140人（35%=0.35　400×0.35=140）

小学6年「ちょいムズ問題」②

木村重夫

好きな問題を解きましょう。 （　）5問コース　（　）10問コース　（　）全問コース

【1】計算しましょう。 $3\dfrac{1}{3} \div \dfrac{2}{9}$	【2】次の数の最大公約数をもとめましょう。 36, 48	【3】次の数の最小公倍数をもとめましょう。 4, 10, 15	【4】3種類のサンドイッチの中から1つ、2種類の飲み物の中から1つを選びます。サンドイッチと飲み物の選び方は全部で何通りありますか。 サンドイッチ：野菜サンド／ハムサンド／たまごサンド　飲み物：オレンジジュース／リンゴジュース
【5】計算しましょう。 $70.2 \div 0.65$	【6】右は直線ABを対称の軸とする線対称な図形です。点Cに対応する点はどれですか。	【7】次の比を簡単な整数の比にしましょう。 $3.6 : 9$	【8】平行四辺形の面積は何cm²ですか。 6cm　6cm
【9】□にあてはまる数をもとめましょう。 $180\text{cm} = \boxed{} \text{m}$	【10】長方形ABCDに対角線ACを引くと、三角形ABCと三角形CDAは合同です。辺BCに対応する辺はどれですか。	【11】長方形ABCDに対角線ACを引くと、三角形ABCと三角形CDAは合同です。あの角に対応する角はどれですか。	【12】1から50までの整数で、3の倍数はいくつありますか。
【13】辺ABの長さと辺ACの長さが等しい二等辺三角形があります。あの角の大きさは何度ですか。 55°	【14】辺ABの長さと辺ACの長さが等しい二等辺三角形があります。いの角の大きさは何度ですか。 55°	【15】まさきさんの家、学校、かおりさんの家、駅は下のような位置にあります。 まさきさんの家 学校 かおりさんの家 駅　0.8km　1.6km かおりさんの家から学校までの道のりは、まさきさんの家から学校までの道のりの何倍ですか。	【16】まさきさんの家、学校、かおりさんの家、駅は下のような位置にあります。 まさきさんの家 学校 かおりさんの家 駅　0.8km　1.6km まさきさんの家から駅までの道のりは、まさきさんの家から学校までの道のりの4.5倍です。まさきさんの家から駅までの道のりは何kmですか。
【17】右は直線ABを対称の軸とする線対称な図形です。直線IJに対応する直線はどれですか。	【18】□にあてはまる数をもとめましょう。 $1.3\text{m}^2 = \boxed{} \text{cm}^2$	【19】色をぬった三角形の面積は何cm²ですか。 5cm　4cm	【20】半径6cmの円の内側に半径5cmの円をかきました。色をぬった部分の面積は何cm²ですか。（円周率は3.14とします） 6cm　5cm

【解答】

【1】15	【2】12	【3】60	【4】3×2=6　6通り
【5】108	【6】点J	【7】2：5	【8】36cm²
【9】1.8m	【10】辺DA	【11】かの角（角か）	【12】16
【13】70度	【14】125度	【15】1.6÷0.8=2　2倍	【16】0.8×4.5=3.6　3.6km
【17】直線ED	【18】13000cm² （1m²=10000cm²）	【19】4×5÷2=10　10cm²	【20】6×6×3.14－5×5×3.14=34.54　34.54cm²

小学6年「ちょいムズ問題」③

木村重夫

好きな問題を解きましょう。　（　）5問コース　（　）10問コース　（　）全問コース

【1】ボールを図のように積み上げます。8段積み上げた時、ボールはぜんぶで何個になりますか。

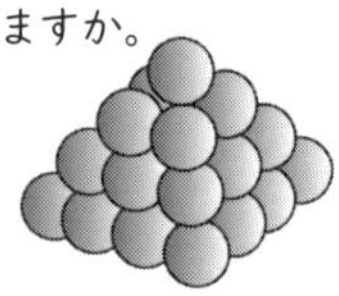

【2】●と●をつないでできる正方形はぜんぶで何個できますか。

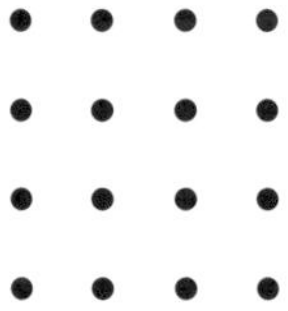

【3】1から99まですべて足すと答えはいくつになりますか。

$$1+2+3+\cdots+98+99$$

【4】右の図の面積を求めなさい。

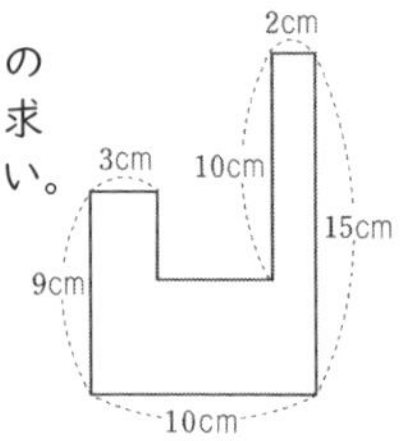

2cm　3cm　10cm　15cm　9cm　10cm

【5】計算しましょう。

$$1+2\times3-4\div2$$

【6】16このマスに1から16までの数を1つずつ入れます。たて、横、ななめの数の和がどれも等しくなるようにします。⑦に入る数を求めましょう。

7		2	16
	⑦	13	
	4		
1	15		10

【7】家から学校までのきょりは、何km何mですか。

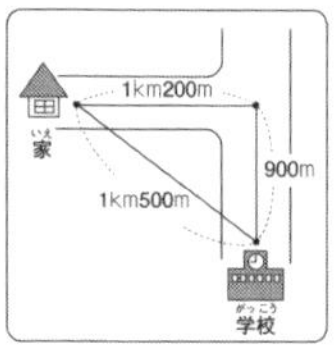

1km200m　900m　1km500m　家　学校

【8】

$$3000000㎡=\boxed{}㎢$$

【9】長方形アイウエの中に、半径5cの円を2つぴったり入れました。直線イウの長さは何cmですか。

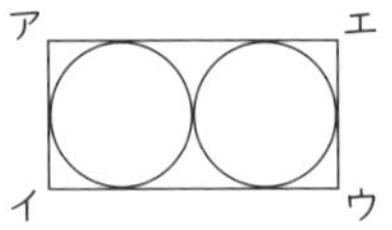

ア　エ　イ　ウ

【10】◇、○、△は、それぞれ別の数字です。

◇＋○＝16
◇－△＝2
○－△＝4です。

◇＋○＋△はいくつになるでしょう。

【11】サイコロの「3」は、あ、い、うのどの面ですか。

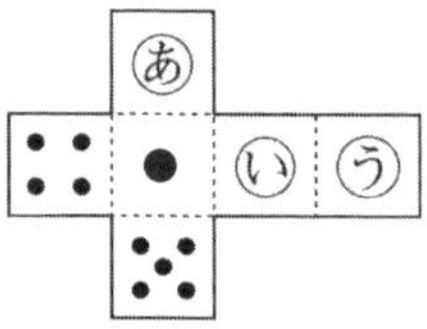

あ　い　う

【12】箱にチョコクッキー●とクッキー○が入っています。どちらが何個多いですか。

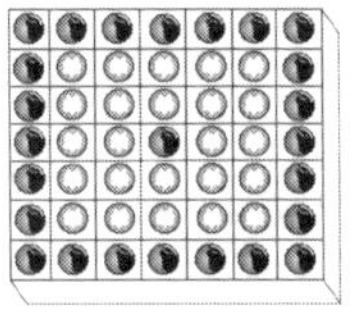

【13】

$$1km100m-600m=\boxed{}m$$

【14】数があるきまりでならんでいます。□に入る数は何でしょう。

$$96-104-\boxed{}-\boxed{}-128$$

【15】図の中に、直角三角形はぜんぶで何個ありますか。

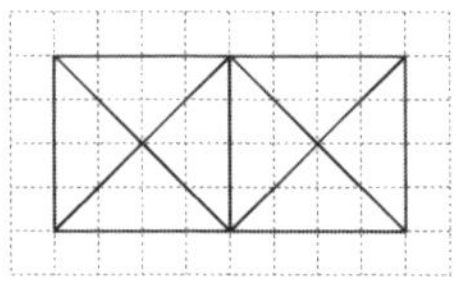

【16】図書館の本だなにたくさんの本があります。右から2さつめと12さつめの本の間には、何さつの本があるでしょう。

【17】次の数字カードから3まいを使ってできる、500にいちばん近い数はいくつでしょう。

1	4	5	8

【18】1から100までの数の中に、「4」は全部で何回出てきますか。

【19】8□6□4□2の□の中に＋、－、×、÷の記号のどれかを入れて、答えが16になるようにしましょう。

$$8\square6\square4\square2=16$$

【20】8□6□4□2の□の中に＋、－、×、÷の記号のどれかを入れて、答えが42になるようにしましょう。

$$8\square6\square4\square2=42$$

【解答】

【1】204個	【2】20個	【3】4950	【4】82㎠
【5】5	【6】6	【7】1km 500m	【8】3（㎢）
【9】20cm	【10】◇＝7、○＝9、△＝5　7＋9＋5＝21	【11】い（向かい合う面の和が7）	【12】チョコクッキーが1個多い。
【13】500（m）	【14】112－120（8ずつふえている）	【15】18個	【16】9さつ　○●●●●●●●●●●○○
【17】514（485より500に近い）	【18】20回（44は2回と数える）	【19】8＋6＋4－2または8＋6＋4÷2	【20】8×6－4－2

小学6年「ちょいムズ問題」④

木村重夫

好きな問題を解きましょう。　（　）5問コース　（　）10問コース　（　）全問コース

【1】□の中に「＋」「－」「×」「÷」の記号のどれかを入れて計算します。（　）は使いません。答えが30になるように、□の中に記号を入れましょう。 $8□6□4□2＝30$	【2】平行四辺形アイウエの中の、⑥と⑩の角度はそれぞれ何度ですか。 ア 75° ⑩ エ 105° 80° ⑥ イ ウ	【3】色をぬった部分の面は何㎝²ですか。 5cm 3cm	【4】計算しましょう。 $2\dfrac{1}{4}－1\dfrac{5}{6}$
【5】3を7で割ったとき、小数第100位はいくつですか。 $7\overline{)3}$	【6】1から50までの整数で、2でも5でもわりきれる数は全部で何個ありますか。	【7】次の（　）の中の数の最大公約数を求めましょう。 (18, 27)	【8】次の（　）の中の数の最小公倍数を求めましょう。 (6, 10, 15)
【9】1から100までの数のうち、2の倍数でも3の倍数でも5の倍数でも7の倍数でもない数は、何個ありますか。	【10】計算しましょう。 $129.2÷1.36$	【11】色をぬった部分の面積は何㎝²ですか。角は全部直角です。 1cm 1cm 2cm 2cm 2cm 2cm 1cm 1cm	【12】次の比を、もっとも簡単な整数の比にしましょう。 $3.6：4$
【13】けいこさんは赤、白、青、緑、黄の5色の折り紙を1枚ずつ持っています。全部で5枚ある折り紙の中から2枚選んでしゅりけんを折るとき、次の問題に答えましょう。 1枚は赤を選ぶとき、もう1枚の選び方は何通りありますか。	【14】けいこさんは赤、白、青、緑、黄の5色の折り紙を1枚ずつ持っています。全部で5枚ある折り紙の中から2枚選んでしゅりけんを折るとき、次の問題に答えましょう。 白を選ばないとき、2枚の選び方は全部で何通りありますか。	【15】図のような立方体の中に、立方体は何個ありますか。	【16】下の円グラフは、ある学校の子ども400人がどこに住んでいるか、人数の割合を、町別に表したものです。東山町に住んでいる子どもは何人ですか。 山上町 その他 川下町 西山町 東山町
【17】兄が一人で部屋をそうじすると、10分かかります。弟が一人で同じ部屋をそうじすると、15分かかります。2人でいっしょにそうじをすると、何分でできますか。	【18】下の図で、木の高さは10m、ビルの高さは20m、タワーの高さは50mです。ビルの高さは、木の高さの何倍ですか。 タワー ビル 木	【19】下の図で、木の高さは10m、ビルの高さは20m、タワーの高さは50mです。タワーの高さは、ビルの高さの何倍ですか。 タワー ビル 木	【20】図のようにマッチ棒を並べます。10番目のとき、マッチ棒は何本使いますか。 1番目 2番目 3番目

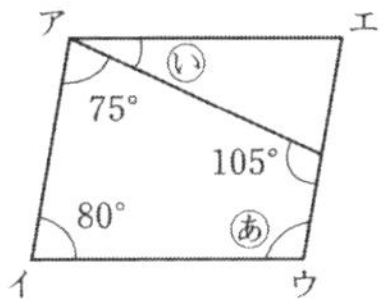

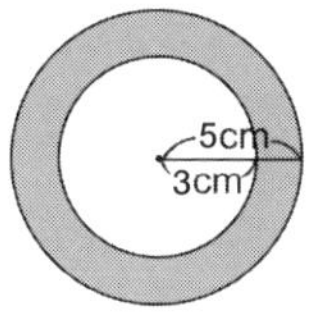

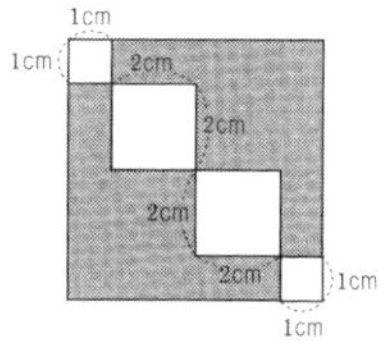

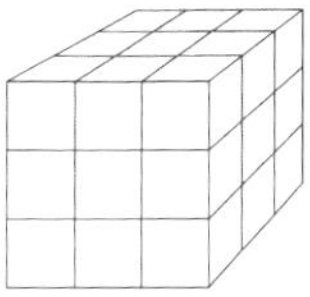

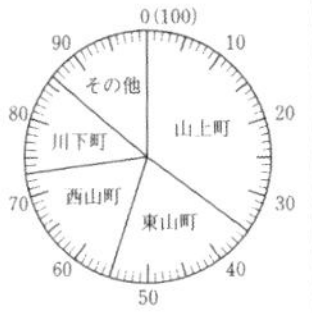

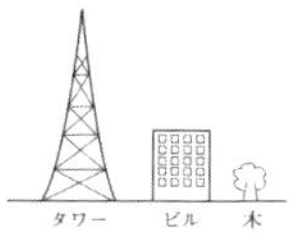

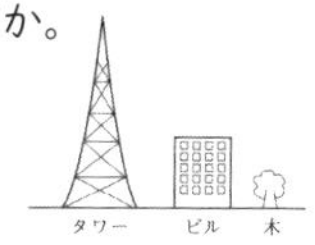

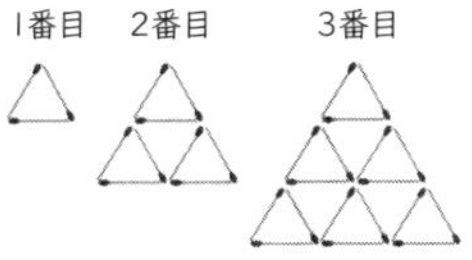

【解答】

【1】$8\boxed{＋}6\boxed{×}4\boxed{－}2$	【2】⑥100°　⑩25°	【3】50.24㎝²	【4】$\dfrac{5}{12}$
【5】5（0.428571 428571…と6ケタが続く。100÷6＝16あまり4　4番目は5）	【6】5個（2と5の最小公倍数は10 50÷10＝5）	【7】9	【8】30
【9】22個	【10】95	【11】26㎝²	【12】9：10
【13】4通り	【14】6通り	【15】36個 　（小…27、中…8、大…1）	【16】80人（東山町20%、400×0.2＝80）
【17】6分　$\dfrac{1}{10}＋\dfrac{1}{15}＝\dfrac{1}{6}$	【18】2倍 　20÷10＝2	【19】2.5倍 　50÷20＝2.5	【20】165本

23歳の新米教師が体験した「熱中」の授業

　私が初めて向山式難問と出会ったのは、23歳のときである。

　新採1年目だった。日頃の算数の授業はどんよりしていた。

　市販テストの平均点も80点いけばいいくらい。50点、30点が続出。

　子供にとって、算数がきらいな教科ランキング1位であった。

　そんな時である。

　勤務校の先輩が、「これ盛り上がるよ」と教えてくれた。表紙に『教室熱中! 難問1問選択システム5年―もう1つの向山型算数』と書かれていた。

　特に熱い思いもなく、ただ印刷した。先輩から言われたから、という思いである。

　算数の授業が始まる。

　プリントを配る。

　先輩に言われたとおり、「5問のうち1問だけ正解すれば100点です」と説明した。すると、教室の空気が激変した。

　し～んとする。時計の秒針が聞こえる。私が歩くと、ミシッと床の音が教室に響く。今までの私の授業ではなかったことだ。

　すぐに、やんちゃ君が持ってきた。

　×である。落ち込むかと思った。申し訳ない気持ちで×を付けた。

　その男子はやる気をなくした、ということは全くなかった。

　自分の席にもどり、また、静かに取り組んでいた。

　×が続く。どの子も×が続く。

　×が続けば続くほど熱中度が増す。

　私は今まで×が続けば、熱中度は下がると思っていた。

　しかし、目の前の子供たちは、私の思いと違う。

　×が続くほど、熱中しているのである。

　5分後。○を付けた。

「やったあ～～～～～～!!」

　跳び上がって喜んでいた。本当に、跳び上がった。

　教室は、さらに熱中度を増す。45分後。チャイムが鳴る。

「先生、家でやってきてもいいですか?」

「もちろんです!」

「やった～～!」

　23歳の私にとって、夢の世界であった。

　向山式難問は、システムである。5問のうち、1問正解すれば100点である。

　遠山啓『数学の学び方・教え方』でツルカメ算について書いている。

> まったく愚かなことをやっているものです。
> こういう悪い伝統は緑表紙が作ったのです。つまりひねくれた応用問題をやらせるという悪い伝統を作って、それがいまに子供を苦しめています。
>
> 『数学の学び方・教え方』P181

　私が小学生のころ、担任の先生がツルカメ算をだしてくれた。熱中して解いた記憶がある。植木算もだしてくれた。
　これも熱中した記憶がある。ただ、クラス全員が熱中していたどうかは今となっては分からない。なかには遠山氏の言うとおり、「苦しめた」こともあったのだろう。

　向山洋一氏は「ひねくれた応用問題をやらせるという悪い伝統」をシステムで変えたのである。クラス全員が熱中するシステムを作ったのである。
　難問システムである。5問のうち、1問正解すれば100点である。
　向山氏は、こう書いている。

> 私は、この方法をいつからやっていたのか？
> 実は新採のときからやっていたのである。
>
> 『向山全集24』P122

　新採のとき。向山氏は、「ひねくれた応用問題をやらせるという悪い伝統」をシステムによって、進化させたのである。
　なぜ、熱中するのか？　脳科学でも証明されている。

> 自己報酬神経群は、「自分からやる」という主体性をもって、考えたり、行動したりしないと機能しません。「先生に指示されたから」というような従順な態度では、物事が理解できても、「思考」が働かないのです。
>
> 『図解　脳に悪い7つの習慣』P48

①どの問題を選ぶか、自分で選ぶ（決める）
②どのように解くかも、自分で選ぶ（考える）
　向山式難問は、「自分からやる」主体性のある指導法である。

　最後に、編集の機会を与えてくださった木村重夫先生、多大なご助言や励ましのお言葉をいただきました学芸みらい社の樋口雅子様、難問シリーズの出版を認め、応援してくださった向山洋一先生、本当にありがとうございました。

　令和2年11月1日
　　300名を超える、大盛況の向山型算数ZOOMセミナー当日に

　　　　　　　　　　　　TOSS下関教育サークル代表　　林　　健広

◎編著者紹介

木村重夫（きむら　しげお）

1983 年　横浜国立大学卒業
埼玉県公立小学校教諭として 34 年間勤務
2018 年〜現在　日本文化大学講師
TOSS 埼玉代表、TOSS 祭りばやしサークル代表
〈著書・編著〉
『成功する向山型算数の授業』『続・成功する向山型算数の授業』
『算数の教え方には法則がある』『教室熱中！難問 1 問選択システム』1〜6 年（明治図書）
〈共同開発〉
『うつしまるくん』（光村教育図書）『向山型算数ノートスキル』（教育技術研究所）

林　　健広（はやし　たけひろ）

1979 年生。山口県下関市立小月小学校勤務。
TOSS 下関教育サークル代表。
主な著書に
『ズバッと成功！教室の困難児指導 勉強苦手・暴れん坊君とつきあうヒミツのカギ』
『「算数」授業の腕が上がる新法則（授業の腕が上がる新法則シリーズ）』
『木版画・紙版画指導のすべてどの子もスゴイ作品 完成までの全情報』
『学テ算数 B 問題─答え方スキルを育てる授業の布石』（学芸みらい社）などがある。

鶴田裕一
大阪府高槻市立小学校教諭

田口由梨
山口県萩市立小学校教諭

利田勇樹
東京都港区立小学校教諭

櫻井愛梨
関西学院大学学生

教室熱中！ めっちゃ楽しい
算数難問 1 問選択システム
6巻　上級レベル 2 ＝小 6 相当編

GAKUGEI
MIRAISHA

2021 年 2 月 25 日　初版発行
2022 年 5 月 10 日　第 2 版発行
2024 年 5 月 30 日　第 3 版発行

編著者　木村重夫
　　　　林　健広＋ TOSS 下関教育サークル
発行者　小島直人
発行所　株式会社学芸みらい社
　　　　〒 162-0833　東京都新宿区筆笥町 31 番 筆笥町 SK ビル 3F
　　　　電話番号 03-5227-1266
　　　　https://www.gakugeimirai.jp/
　　　　E-mail : info@gakugeimirai.jp
印刷所・製本所　藤原印刷株式会社
企　画　樋口雅子
校閲・校正　板倉弘幸
本文組版・ブックデザイン　小沼孝至
本文イラスト　辻野裕美 他

教室熱中！ めっちゃ楽しい

算数難問 1問選択システム

うーん、難しい。 / 出来そう！ / 出来た！

動画のマスコット「ライオンくん」（作：山戸　麦）

● 木村重夫＝責任編集

☆B5版・136頁平均・本体2,300円（税別）

1巻 初級レベル1＝小1相当編
堂前直人＋TOSS/Lumiere

2巻 初級レベル2＝小2相当編
中田昭大＋TOSS流氷

3巻 中級レベル1＝小3相当編
松島博昭＋TOSS CHANCE

4巻 中級レベル2＝小4相当編
溝口佳成＋湖南教育サークル八方手裏剣

5巻 上級レベル1＝小5相当編
岩田史朗＋TOSS金沢

6巻 上級レベル2＝小6相当編
林　健広＋TOSS下関教育サークル

別巻 数学難問＝中学・高校レベル相当編
星野優子・村瀬　歩＋向山型数学研究会

デジタル時代に対応！ よくわかる動画で解説

　各ページに印刷されているQRコードからYouTubeの動画にすぐにアクセスできます。問題を解くポイントを音声で解説しながら、わかりやすい動画で解説します。授業される先生にとって「教え方の参考」になること請け合いです。教室で動画を映せば子どもたち向けのよくわかる解説になります。在宅学習でもきっと役立つことでしょう。

教科書よりちょっぴり難しい「ちょいムズ問題」

　すでに学習した内容から、教科書と同じまたはちょっぴり難しいレベルの問題をズラーッと集めました。教科書の総復習としても使えます。20問の中から5問コース・10問コース・全問コースなどと自分のペースで好きな問題を選んで解きます。1問1問は比較的簡単ですが、それがたくさん並んでいるから集中します。

子ども熱中の難問を満載！

　本シリーズは、子どもが熱中する難問を満載した「誰でもできる難問の授業システム事典」です。みなさんは子どもが熱中する難問の授業をされたことがありますか？　算数教科書だけで子ども熱中の授業を作ることは高度な腕を必要とします。しかし、選び抜かれた難問を与えて、システムとして授業すれば、誰でも子ども熱中を体感できます。

> これが「子どもが熱中する」ということなんだ！

　初めて体験する盛り上がりです。時間が来たので終わろうとしても「先生まだやりたい！」という子たち。正答を教えようとしたら「教えないで！　自分で解きたい！」と叫ぶ子たち。今まで経験したことがなかった「手応え」を感じることでしょう。